KB029706

논리로 배우는
비판적 사고와 토론

논리로 배우는
비판적 사고와 토론

2022년 2월 20일 초판 인쇄
2022년 2월 25일 초판 발행

지은이 | 전승봉 · 안현수 · 손영창
펴낸이 | 이찬규
펴낸곳 | 북코리아
등록번호 | 제03-01240호
전화 | 02-704-7840
팩스 | 02-704-7848
이메일 | ibookorea@naver.com
홈페이지 | www.북코리아.kr
주소 | 13209 경기도 성남시 중원구 사기막골로 45번길 14
우림2차 A동 1007호
ISBN | 978-89-6324-843-1 03170

값 17,000원

*본 교재는 교육부의 대학혁신지원사업 사업비를 지원받아 수행한 연구 결과입니다.
*본서의 무단복제를 금하며, 잘못된 책은 구입처에서 바꾸어 드립니다.

논리로 배우는 비판적 사고와 토론

전승봉 · 안현수 · 손영창 공저

북코리아

머리말

사람들은 우리 시대를 유비쿼터스의 시대라 부른다. 유비쿼터스(ubiquitous)라는 말은 라틴어 ubique의 형용사형으로 한자로는 편재성(遍在性)이라고 풀이할 수 있다. 편재한다는 것은 어느 곳에나 존재한다는 뜻으로 서양에서는 신의 속성을 말할 때 주요 사용하던 개념이다. 현대 인간들이 편재한다는 것은 한편으로는 기만적 표현인데, 이는 인간은 정해진 시간에 하나의 공간에만 머물 수 있기 때문이다. 하지만 사회학자들은 유비쿼터스 개념을 통해 현대인들이 장소의 제약을 뛰어넘어 어디에서나 존재하듯이 간단한 통신기기를 통해서 타인과 접속하고 다양한 정보를 이용할 수 있다는 점에 주목한다. 기술의 발달은 중세 시대에 평생 자신의 거주지로부터 10km 이상을 벗어나지 못하던 인간이 전세계를 횡단하는 것을 가능하게 했고, 장소와 무관하게 실시간으로 많은 사람들이 동시에 접속하여 소통할 수 있는 전 세계적인 망(world wide web)을 만들어 내었다.

그런데 정작 이런 폭발적으로 증가하는 정보량과 연결망 앞에서 우리는 어떤 정보를 선택하고 어떤 정보를 버려야 할지, 어떤 것이 참이고 어떤 것이 거짓인지에 대해서 상당히 혼란스러워한다. 또한 일상에서 일어나는 다양한 사건들이 온라인 포털에 올라올 때 우리는 차분히 다양한 관점에서 사회를 분석하는 기사보다는 사람들을 선동하고 자극하는 기사에 독자들이 더 많은 관심을 갖고서 주목하는 것을 본다. 이 때문에 온라인시대가 되면서 혐오와 거짓뉴스의 문제가 사회의 중요한 이슈로 등장하고 있다. 말하자면 우리 시대에는 정보의 양적 증대가 바른 판단을 제공할 것이라는 막연한 기대를 더 이상 가질 수 없게 되었다. 오히려 우리는 넘쳐나는 정보와 그것에 대한 편향된 분석 속에서 비판적으로 판단하고 평가해야하는 어려움에 직면하고 있다.

이런 맥락에서 필자들은 본 교재를 온라인 매체 속에서 유통되고 있는 잘못된 정보와 논리 그리고 신념에 대해 검토하고 성찰할 수 있는 비판적 사고를 배양할 수 있는 다양한 내용으로 구성하였다. 첫 번째 장에서는 비판적 사고라는 개념의 필요성 그리고 비판적 사고에 대한 정의를 살펴보고 두 번째 장에서는 비판적 사고가 실제로 이뤄지기 위해서 필요한 논증의 과정을 검토할 것이다. 세 번째 장에서는 비판적 사고를 구체적인 문제 해결과 연결시켜 적용해보고자 한다. 네 번째, 다섯 번째 장에서는 비판적 사고를 함에 있어 발생할 수 있는 논증상의 문제들을 짚어보고자 한다. 대표적으로 애매성의 문제와 다양한 논리적 오류의 문제를 통해 우리가 논리적 사고를 할 때에 피해야 할 오류의 예들을 살펴볼 것이다. 여섯 번째 장에서는 논증을 함에 있어 요구되는 증거들의 필요성과 유의사항에 대해서 검토하고자 한다. 일곱 번째, 여덟 번째 장에서는 개인의 사고능력의 향상만이 아니라 성숙한 시민으로서 다른 사람들과 소통할 수 있는 능력을 키우기 위해서 토론과정에 대해서 다룰 것이다.

필자는 본 교재를 통해서 대학의 교양기초의 수준에서 학생들이 비판적인 사고를 통해서 다양한 사회적 이슈들을 분석하고 문제 해결에 대한 합리적인 절차를 세우며, 다른 학생들과 소통할 수 있는 능력을 함양하는데 조금이마나 기여하기를 기대하면서 집필하였다. 독자들은 책 전체를 일관되게 관통하는 이러한 문제의식을 잘 이해하면서 읽기를 바란다.

Contents

제1장

비판적 사고란 무엇일까?

1
비판적 사고는 왜 필요할까?

낯선 곳으로 떠나는 여행은 언제나 설레기 마련이다. 하지만 항상 새로운 곳을 찾을 때 우리가 고민하게 되는 문제 중 하나는 "어디에서 맛있는 한 끼를 해결할 것인가?" 하는 부분일 것이다. 여행의 묘미 중 하나는 그 지역에 있는 맛집을 탐방하는 일일 것이다. 옛날에는 오히려 이 문제에 대해서 고민을 하지 않았을 것이다. 왜냐하면 애초에 지역 주민들이나, 이미 그 지역을 방문했던 지인들, 혹은 언론에서 소개하는 정보 이외에 다른 정보가 별로 존재하지 않았기 때문이다. 스마트폰이 일상화되지 않은 과거에 이러한 상황에 맞닥뜨리게 된다면 지나가는 현지 주민에게 묻거나 아니면 그냥 느낌으로 맛있어 보이는 집을 선택하게 되었을 것이다. 하지만 지금은 대부분의 사람들이 이와 같은 상황에 처하게 된다면 스마트폰에서 맛집 블로그를 검색하고 여행지에 있는 괜찮은 집을 찾아내어 최대한 불확실함을 줄이고자 하는 시도를 하게 될 것이다.

하지만 스마트폰을 통한 맛집 검색으로 모든 문제가 해결되는 것은 아니다. 이미 모든 사람들이 알고 있는 것처럼 우리가 일상적으로 접하는 맛집 블로그에 적혀있는 정보는 꽤 많은 경우 광고로 의심되거나, 아니면 그렇지 않더라도 과연 "이 평가는 믿을만한가?" 하는 의구심을 거둘 수 없는 상황에 처하게 된다. 운이 좋다면 괜찮은 식당에서 한 끼를 해결하게 되는 것이고, 그렇지 않다면 자신이 잠시(?) 믿었던 블로그의 정보의 수준을 탓할 수 밖에 없을 것이다. 물론 음식 맛에 대한 평가는 개인차가 크기 때문에 믿을만한 정보를 제공하고 있는 블로그에 의존한다고 하더라도 100% 원하는 목적을 달성할 수 있다고 장담할 수는 없을 것이지만 말이다.

그럼에도 우리는 이러한 상황에서 원치 않게 돈을 쓰고 괜찮은 수준의 음식을 먹을 수 있는 확률을 높이는 방법에 대해서 고민하게 된다. 대부분의 사람들은 한 두명의 블로거의 음식평에 기대지 않고 가급적 다양한 사람들의 견해를 듣고자 할 것이다. 또한 어떤 정보가 광고성인지, 혹은 진심에서 우러난 식당 관련 정보인지 고민하게 될 것이다. 그렇다면 우리는 도대체 어떤 것을 근거로 하여 괜찮은 식당을 골라내야 하는 것일까?

이와 같은 가상의 일상적인 사례에서 우리가 얻을 수 있는 교훈은 두 가지 정도일 것이다. 첫째, 대부분의 사람들은 자신도 의식하지 못하는 사이에 '비판적' 사고를 실행하고 있다. 광고성 게시물이 많다는 사실을 대부분의 사람들이 알고 있다는 점을 감안하면, 아마도 대부분의 사람들이 수동적으로 블로그에 제공된 정보를 받아들이지는 않을 것이다. 앞서 잠시 언급한 것처럼 사람들은 가급적이면 다양한 정보를 취합하고자 노력하며, 그 정보들 속에서 믿을만한 것이 무엇인지를 각자 나름대로의 방식으로 골라내고자 한다. 즉 일상적인 수준에서 모든 사람들은 정도의 차이가 있지만 나름 적극적인 방식으로 정보를 수용하고 그에 따른 판단 및 행동을 실천하고자 한다. 둘째, 보다 틀이 잡힌 방식으로 어떤 글이나 말을 평가할 수 있게 된다면 우리가 얻을 수 있는 이점이 많을 수 있다는 점이다. 앞의 음식점 고르기의 경우에서처럼 우리는 다른 사람들이 하는 말과 글에 대해서 보다 효과적인 방식으로 평가를 할 수 있다면 단순히 광고성 글인지, 아니면 진심으로 본인이 작성한 글인지, 그리고 일정 수준 이상의 진실된 정보를 담고 있는지 등을 확인할 수 있을 것이다.

단순히 어떤 식당을 고를 것인가에서 우리의 고민은 멈추지 않는다. 이런 사소한 예에서 그치지 않고 우리는 사실 일상적으로 너무나 다양한 선택의 순간과 마주하게 된다. 작게는 식당을 고르고 어떤 영화를 볼 지를 선택하거나 어떤 물건을 구입할 것인가 혹은 하지 않을 것인가 등을 선택하는 일부터, 크게는 어떤 정당의 후보자를 지지할 것이며 현재 그 후보자를 둘러싸고 토론이 벌어지고 있다면, 각 정당의 대표 토론자들이 하고 있는 이야기가 과연 얼마나 합당한지, 얼마나 믿을 만한 것인지 등에 대해서 우리는 항상 고민하게 된다. 그리고 이러한 선택과 그에 대한 고민들은 대개의 경우 타인의 말과 글, 즉 특정정보를 바탕으로 이루어진다. 비판적 사고의 방식을 배우고 연습하는 것은 결국 이와 같은 과정들을 보다 능숙하게 함으로써 삶 속에서 마주치는 문제점이나 선택, 고민 등을 해결하기 위한 노력과 다르지 않다. 나아가 공동체 전체를 위해서도 비판적인 사고의 방식에 익숙한 시민들이 모여있는 경우에 소위 말하는 공론장(public sphere)에서 이루어지는 합의의 과정이 원활하게 이루어지고 보다 나은 결론으로 향하게 될 가능성이 높아질 수 있다는 점은 대다수의 독자들이 부정하지 않을 것이다. 즉 개인을 위해서도, 아니면 우리 사회 전체의 이익이나 공공성을 위해서라도 비판적인 사고방식을 학습하는 것은 이득이 된다고 할 수 있다.

많은 사람들이 본인들 스스로가 자각하지 못하는 상태에서 초보적인 수준의 비판적 사고를 하고 있으며 비판적 사고의 확산 및 체계화가 개인, 그리고 공동체 전체를 위해서도 필요함에도 불구하고 적어도 한국 교육현장에서 비판적 사고가 한국의 고등교육현장에서 목표가 된 적이 없었다고 해도 과언이 아니다. 한국의 중고등학교 교육에서의 목표는 언제나 '입시'에서 살아남을 수 있는 방식의 학습이 목표가 되어왔고 대학에서는 전문지식에 대한 '습득'이 암묵적인 목표로 여겨졌다. 최근 4차 산업혁명 시대의 도래와 함께 상대적으로 간과되어 오던 비판적 사고의 중요성이 다시금 부각되고 있다. 즉 단순히 지식의 총량을 증대시키는 것이 교육의 목적이 아니라 "정보의 홍수에 의해 야기되는 불확실성 속에서 다양한 정보들을 비판적으로 분석할 수 있는 능력"(이진남, 2008: 48-49. 권오상, 2017: 41에서 재인용)이 필요한 상황이라고 할 수 있다.

그 유용성과 필요성에 의해 비판적 사고에 대한 논의는 해외 학계에서는 간헐적으로 논의가 되어왔으며 최근에는 국내에서도 대학교육과정으로 편성되고 이에 대한 논의 및 적용이 심화되고 있는 상황이다(이승규 · 정문숙, 2019). 다음 장에서는 이러한 비판적 사고에 대한 기존의 논의들을 간단히 살펴보고 비판적 사고 함양을 위해서 우리가 초점을 맞추어야 할 점이 무엇인지를 확인해보도록 하자.

2
비판적 사고에 대한 정의

해외 및 국내 학계를 아울러 비판적 사고에 대한 정의는 대단히 뿌리 깊고 다양하게 제시되어 왔다. 예를 들어 비판적 사고에 대한 종합적인 관점을 제시하고 있는 델피보고서(The Delphi Report, 1990)에 따르면 비판적 사고는 "해석, 분석, 평가 및 추론을 산출하는 의도적이고 자기 규제적인 판단이며, 동시에 그 판단에 대한 근거가 제대로 되어 있는지, 증거(evidential), 개념(conceptual), 방법론(methodological), 준거(criteriological), 또는 맥락(cotextual)의 측면들을 제대로 고려하고 있는지에 대한 설명을 산출하는 의도적이고 자기 규제적인 판단이다."라고 이야기할 수 있다.*

물론 학술적인 의미에서의 비판적 사고에 대한 정의는 사람들로 하여금 마치 비판적 사고라는 것이 이해하기 어렵고 우리의 일상과는 동떨어진 것으로 간주하게 하는 문제점을 가질 수도 있지만, 그럼에도 불구하고 기존에 제시된 비판적 사고에 대한 정의를 살펴보는 것도 의미 있는 작업이 될 것이다. 단 우리는 모두 알게 모르게 '비판적 사고'를 이미 실천하고 있다는 사실을 잊어버리면 곤란하다.

1) 근거에 비추어 능동적이고 끈질기게 따져보기

피셔(2018), 그리고 그 외에 비판적 사고에 대한 연구자들의 다수 의견에 따르면 고대 그리스로부터 시작된 비판적 사고에 대한 생각의 현대적인 판본을 제시한 사람은 미국의 실용주의 철학자이자 교육학

---

* "We understand critical thinking to be purposeful, self-regulatory judgment which results in interpretation, analysis, evaluation, and inference, as well as explanation of the evidential, conceptual, methodological, criteriological, or contextual considerations upon which that judgment is based. CT is essential as a tool of inquiry. As such, CT(critical thinking) is a liberating force in education and a powerful resource in one's personal and civic life. While not synonymous with good thinking, CT is a pervasive and self-rectifying human phenomenon."(The Delphi Report: Executive Summary. p. 3)

자였던 존 듀이이다. 듀이(1998, 초판은 1910년 발행됨)의 경우는 "① 근거나 파급효과에 비추어 믿음이나 지식을 ② 능동적이고 끈질기며 꼼꼼하게 따져보는 것"*이 비판적 사고라고 정의하고 있다.

위 밑줄 친 부분을 자세히 살펴보면 우리는 대략 두 가지의 함의를 얻을 수 있다. 첫째, 주어진 정보를 수동적으로 받아들이는 것이 아니라 능동적으로 수용하는 것이 비판적 사고의 핵심이다. 듀이의 비판적 사고에 대한 정의는 반성적인 사고(reflective thinking) 이라고도 일컬어지는데 이는 결론으로 바로 건너뛰거나 생각 없이 순식간에 어떤 사안이나 문제점에 대해 결론짓는 것과는 반대되는 자세이다.

반성적 사고에 대해 아주 약간의 사회과학적인 냄새를 가미한 가상의 예를 들어보기로 하자.

> "옛말에 이르기를 가난은 나랏님도 막을 수 없다고 하였다. 따라서 개인의 경제적인 곤궁을 국가나 사회로 돌리는 것은 곤란하다. 왜냐하면 한국사회는 신분제 사회가 아닌 열린(open)사회이기 때문에 개인의 노력 여하에 따라서 가난한 상황에서 벗어날 수 있다."

라는 주장에 대해 한 번 살펴보자. 위 문장에 대해서는 대략 두 가지의 반응을 보일 수 있다. 첫째, 원래 사회란 그렇게 유지되어 왔으며, 속담이 과학적이지는 않더라도 인생의 진리를 담고 있는 선조의 지혜이기 때문에 그냥 별 생각 없이 '아 개인이 노력하면 삶이 조금 더 나아질 수 있구나.'라고 생각하고 넘어가는 반응이 있다. 둘째, 주어진 내용에 대해서 일종의 딴지를 거는 반응을 보일 수 있다. 예를 들어,

---

* "active, persistent, and careful consideration of a belief or supposed form of knowledge in the light of the grounds which support it and the furthest conclusions to which it ends."

① 우리나라의 노동시간이 OECD 국가 중 최상위권을 유지하고 있는데 도대체 얼마나 더 노오력을 해야 하는가?

② 단군 이래 최고의 스펙을 가졌다는 한국 청년들은 왜 대학을 졸업하고 나서도 오랜 시간 동안 취업준비생이라는 이름으로 머무르게 되는 경우가 많은가?

③ 정말 한국사회는 경제적인 부분에서 열린 사회인가? 현재의 한국사회는 과연 개천에서 용이 날 수 있는 사회인가?

④ 가난을 구제할 수 있는, 혹은 최소한의 인간적인 삶을 살 수 있게 해주는 정책적인 지원에 대해 생각해 볼 필요가 있지 않을까?

등등 개인의 불행을 구조적인 차원에서 접근하고자 하는 반응을 보일 수가 있다. 이와 같은 의문을 던져봄으로써 우리는 한국의 고용시장의 현황 및 이에 따른 여러 가지 문제점들에 대해서 생각해 볼 기회를 가질 수 있다.

우선 생각해 볼 수 있는 사안은 한국에서의 비정규직 비율 및 그들의 처우에 관한 부분이다. 통계를 내는 기관에 따라 차이가 있지만(왜냐하면 비정규직에 대한 정의가 약간씩 다르기 때문이다! 따라서 우리는 용어의 정의를 명확히 일치시키는 것이 서로간의 의사소통에 있어 얼마나 중요한지 알 수 있다), 대략 전체 임금근로자 2000여 만 명 가운데 비정규직이 차지하는 비중은 대략 33% 정도로 알려져 있다(2018. 10.30 매일경제, "비정규직 661만 명, 임금근로자의 3분의 1"). 둘째, 아래 그림을 통해서 확인할 수 있는 것과 같이 정규직과 비정규직 근로자의 월평균임금의 격차는 쉽게 줄어들지 않고 있다. 오히려 2008년의 경우 정규직과 비정규직의 월평균 임금은 73만 원의 차이를 보였으나 2017년에는 그 격차가 127만원으로 증가하였다. 비정규직이 전체 임금노동자 가운데 차지하는 비중과 임금격차를 고려할 때, 만일 비정규직으로 근무를 하고 있다면 자신의 노력 여하에 관계없이 상대적으로 어려움에 봉착할 가능성이 커질 수 있다는 것을 알 수 있다.

또한 30~40대을 제외하고 20대 젊은이들, 그리고 40대 이후 장년층의 경우가 비정규직 비율이 높기 때문에(박만엽, 2011: 70), 20대가 보다 괜찮은 직장에 정착하는 것이 쉽지 않다는 것을 추정할 수 있다. 여성의 경우는 더 큰 어려움에 봉착하게 되는데, 여성의 월 급여액은 남성의 월 급여액의 66.6% 정도 수준으로 알려져 있으며(e-나라지표, 남성대비 여성 임금비율), 또한 한국 여성들의 경제활동 참여율은 여타의 OECD 국가들에 비해 낮고 결혼, 출산, 양육에 따른 노동시장 탈퇴로 인해 연령에 따른 고용율은 M자형을 보이고 있다. 40대 이후 여성들의 경제활동 참여율은 증가하지만, 안타깝게도 그다지 그들에게 열려있는 일자리가 대부분 양질의 것이라 말하기는 어려운 상황이다.

다시 처음으로 돌아가 이 논의를 되새김질해 보자. 여기서 중요한 것은 정규직과 비정규직 노동자들의 비율, 그리고 남녀 간의 차이에 대

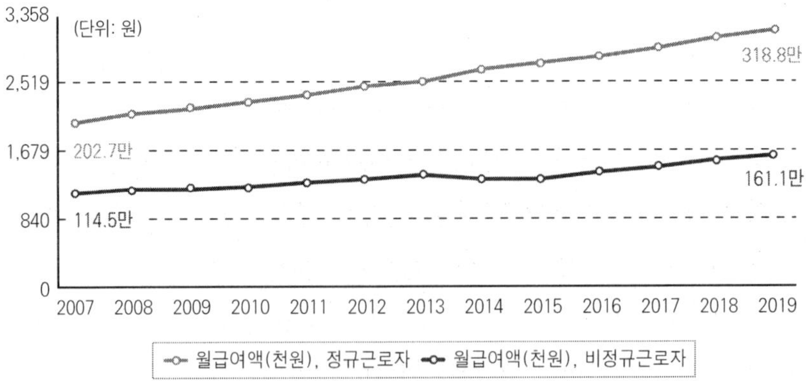

근로형태별 월평균 임금

출처:고용노동부 고용형태별 근로실태조사 재구성

한 객관적인 지식을 습득하는 것이 아니다. 더 중요한 것은 우리가 어떤 특정한 주장을 접했을 때, 혹은 어떤 특정 사안에 대한 정책을 둘러싼 논쟁에 대한 판단을 내려야 할 때, 그것들을 하나의 지식이나 당연한 것으로 여기지 않고 그 진위여부나 정당성에 대해 되집어 보는 습관일 것이다. 비판적 사고는 정보와 지식 그리고 이와 관련된 판단들을 분석하고 평가하는 정신적 과정이다(박만엽, 2011: 68).

물론 일상적인 삶을 살아가는 동안 조우하게 되는 모든 현안들에 대해서 저런 식으로 끈질기게 되새김질을 하는 것은 사실상 불가능하거니와 너무나 피곤하기도 하다. 다만 위 예에서 이야기하고자 하는 것은 주어진 정보를 수동적으로 받아들이면 안 된다는 점이다. 우리가 흔히 '(지식을) 스폰지처럼 빨아들인다.'라는 표현을 습득력이 좋다는 의미에서 칭찬으로 사용하기는 하지만, 적어도 비판적 사고를 함양하는 것을 목적으로 두고 있는 경우라면 지식을 스폰지처럼 흡수하는 자세가 반드시 바람직하다고 할 수만은 없다.

둘째, "근거나 파급효과에 비추어"라는 정의는 비판적 사고라는 것이 합리적이고 적절한 수준의 논증, 그리고 그에 대한 평가와 밀접한 관련이 있다는 것을 의미한다. 우리는 보통 타인의 말이나 글에 대해 무의식적으로나마 자신이 알고 있는 지식을 바탕으로 평가를 하게 된다. 반대로 우리가 다른 사람을 설득하고자 하는 경우에 있어서도 어떤 근거자료나 주장을 하게 된 이유를 제시해야만 설득의 효과를 기대할 수 있다. 즉, 듀이가 제시한 비판적 사고의 정의는 일정한 기술, 다시 말해 논리적인 탐구와 추론의 기술에 대한 부분을 담고 있다.

결론적으로 듀이가 제시한 비판적 사고의 정의를 따른다면, 비판적 사고란 어떤 현안에 대한 의구심, 그리고 현안과 연관된 논증이 얼마나 잘 이뤄지고 있는지를 평가하며 자신의 주장 역시도 일정한 규칙에 따르고 있는지에 대해 생각해보는 과정에 다름 아니다.

■ 연습문제

위에서는 가난이나 경제적 어려움이 구조적인 문제에서 기인한다는 주장과 이에 대한 자료들을 제시하였다. 반대로 본인이 위 예시와는 대립되는 입장에 서 있다고 가정하고 이와 관련된 자료를 수집하여 반박하는 연습을 해보자.

2) 폴(Paul)의 "강한(strong)" 관점에서의 비판적 사고

폴(Paul)의 경우는 그의 논문 "Critical Thinking: Fundamental to Education for a Free Society(1984)"를 통해서 자신이 생각하고 있는 비판적 사고라는 개념을 기존에 통용되는 개념에서 좀 더 확장시키고 있다. 즉 강한 관점의 비판적 사고는 약한(weak) 관점에서의 비판적 사고와는 대조적으로 기계적인 수준에서의 이성(technical reason)에 초점을 맞추는 것에서 벗어나 근본적인 수준에서 통찰하는 것과 연관되며 인지적, 그리고 정서적인 부분 모두와 연관되어 있는 본질적인 수준의 기술과 능력이라고 이야기 할 수 있다. 특히 강한 관점에서의 비판적 사고에 있어 가장 중요한 부분은 자유롭고 이성적이며 자율적인 마음(free, rational, and autonomous mind)을 가지기 위한 필수적인 기술 및 능력을 의미한다는 점이며, 이러한 이유로 인해서 폴은 강한 의미에서의 비판적 사고를 해방적 이성(emancipatory reason)을 키우기 위한 필수적인 요소라고 이야기하고 있다.

여기서 폴이 해방적 이성이라는 표현을 사용하는 이유는 인간의 사고방식의 기본이 되는 성향이 잠재의식에 의해 움직이고 비이성적이며 자동적으로 이루어진다는 전제 때문이다. 이에 더하여 폴은 소위 말하는 "자민족 중심주의(ethnocentrism)"의 성향을 지적하며 이러한 한계에서 오는 속박에서 자유로운 인간이 되기 위해서 비판적 사고가 필요하다는 점을 강조하고 있다. 대부분의 사람들은 자신이 원래 가지고 있는 관점이나 세계관에서 크게 벗어나는 사고를 하지 않는 성향을 가지고 있으며 그러한 선입견 혹은 세계관에 부합되는 이야기를 듣거나 읽는 경우에는 사실 의문 자체를 표하지 않는 경우가 많다. 즉 인간은 기본적으로 확증편향(confirmation bias)* 을 가진 동물이며 따라서,

> 인간은 사물을 이해하고 예측하고 통제하기 위해 의미 — 아이디어, 개념, 유추, 은유, 모형, 이론, 설명 — 를 사용하기도 하지만, 또한 스스로를 부정하고 반박하고 기만하기 위해, 오해하고 왜곡하고 틀에 박힌 행동을 하기 위해, 그리고 독단적이고 편향적이고 독선적이기 위해 의미를 사용하는 유일한 동물이다(Paul, 1992: 3. 윤초희, 2016: 2에서 재인용).

이라고 폴은 지적하고 있다. 이러한 인간의 모순적인 성향의 실제 예를 들자면 자신이 선호하는 정치 지도자의 말을 전적으로 신뢰하고 반대로 이와 배치되는 증거들이 나오더라도 그 증거에 대해서는 그다지 신뢰하지 않는 경우를 들 수 있다. 또는 우리가 다른 나라의 문화에 대한 평가 및 판단을 내려야 할 때 많은 경우 한국사회에 통용되는 선입견에 의존하게 된다. 동남아시아나 이슬람 문화권에 대한 막연한 편

* 확증편향(confirmation bias)이란 1960년에 영국의 심리학자 피터 웨이슨이 제시한 개념으로, 신념에 일치하는 정보는 받아들이고, 반대로 신념과 배치되는 정보를 무시하는 경향을 의미한다.

견 및 이를 바탕으로 한 감정적인 평가, 반대로 미국이나 유럽권 문화에 대한 막연하게 후한 평가 및 동경이 이와 같은 모순에 대한 예시가 될 것이다. 하지만 현재와 같이 세계화되고 다문화가 보편화되며 하나의 사안에 대해서도 수많은 가치관들이 충돌할 수밖에 없이 분화된 현대 사회에서 이와 같은 자세는 바람직하다고 하기는 어렵다.

또한 최근 문제가 되고 있는 한-일 양국 간의 역사인식에 대한 차이점, 그리고(우리의 입장에서는 이해하기 어렵지만) 아베 정권에 대한 비교적 굳건한 일본 시민들의 지지는 일본의 역사교육 부재에 의해 기인한 부분도 있겠지만 위에서 제시한 확증편향으로 인해 일어나는 것일 수도 있다. 인간은 대체로 보고 싶은 것만 보고, 듣고 싶은 것만을 받아들이게 된다.

이와 같은 미혹에서 벗어나기 위해서는 비판적 사고를 함양할 필요가 있다고 폴은 역설하고 있다. 미국의 인류학자이자 사회학자였던 섬너(William Graham Sumner)의 경우 "비판(criticism)이야말로 우리 자신, 그리고 우리를 둘러싼 상황에 대한 망상, 기만, 미신, 그리고 오해로부터 벗어나게 하고 우리를 유해한 제안으로부터 보호할 수 있는 유일한 방안이다."라고 언급한 바 있다. 우물 안에 갇혀 하늘을 보고 있는 개구리와 같은 상황에 매몰되지 않기 위해서는 보다 자유롭고 열린 마음을 가지는 것이 필수적이다. 그리고 이와 같은 자유롭고 열린 마음을 가지기 위해서 필수적인 조건은 우리가 살아가면서 별다른 의문을 가지지 않는 발언내용이나 정보들에 대해서 의문을 던져보는 것이다. 즉 "이 내용(혹은 발언)은 정말 그럴 듯한 것일까?", "지금 상대방이 하고 있는 이야기는 어떤 점들을 전제하고 이뤄지고 있는 것일까?", "이 내용을 들었을 때 내가 하고 있는 생각의 방식이나 전제조건들은 어떤 것일까?" 등을 우리는 일상생활 속에서도 실천할 수 있다.

폴의 경우 최종적으로 제시하고 있는 비판적 사고의 최종 종착점은 "진리와 사전 선택된 방식의 이성 사이의 연관성을 미리 전제하지 않고 어떤 사안에 대해 모든 충돌하는 관점들에 대해 공감해보며 또한 이러한 관점들을 잘 들어보고자 하는 능력"이며 "한정적이고 명확하게 한계 지어진 기준이나 기술적 영역(technical domain)에서 벗어나서 상반되는 견해 사이를 왕복하는 능력"(Paul, 1984)이다. 또한 강한 의미에서의 비판적인 사고는 자신의 믿음이나 입장을 옹호하기 위한 것이 아니라 모든 주장과 믿음, 그리고 우리 자신의 주장과 믿음까지를 비판적인 사고의 논리에 적용시켜보는 것이다(브라운 · 킬리, 2019: 27).

또한 우리가 생각하는 것과는 달리 비판적 사고는 단순히 상대방의 주장에 대해서 '비난'을 하거나 흠결을 찾아내는 활동이 아니다. 오히려 자신, 그리고 다른 사람들의 믿음과 주장을 평가하고 그 과정을 통해서 특정한 사안에 대해 새로운 가능성을 모색할 수도 있다. 왜냐하면 어떤 문제에 대해 좋은 판단을 내리기 위해 우리는 단지 다른 사람들의 주장이 가진 문제점을 찾는 것에서 나아가 다른 방향에서 문제를 살펴보거나 다른 관련정보들을 수집하는 과정을 통해 다른 대안들을 생각해 볼 수 있다.

이 지점에서 우리는 비판적 사고와 창의성 사이의 연관성도 생각해 볼 수 있다. 즉 다른 이들의 주장을 듣고 이를 통해서 다른 가능성을 생각하기 위해서는 창의성이 필요하다는 것이다. 창의성이란 무엇인지에 대한 정확한 정의를 내리기는 어렵지만 일반적으로 창의성은 ① 발산적 사고(divergent thinking), ② 문제 해결과 같은 유용성을 생산해내는 정신과정, ③ 기존의 정보들에 대한 새로운 변형이나 조합이라는 개념으로 해석된다(김영정, 2002: 21).

"비판적 사고와 창의적 사고는 완전한 별개의 것이 아니다. 훌륭한 비판적 사고는 그 성질상 창의적이며, 훌륭한 창의적 사고에는 항상 진행중인 산출(product, 지식)을 비판적으로 평정하고 향상시키는 것이 포함된다."(Nickerson, 1987: 66, 김영정, 2002: 26에서 재인용)

또한 폴(Paul)의 경우는 비판성과 창의성이 무언가를 밝혀내는 능력으로 친밀한 관계에 있으며 이를 자연적 결합(natural marriage)이라고 이름 붙이고, 비판적 사고와 창의성은 매우 밀접한 관련을 지니고 있다고 이야기하고 있다. 새로운 논리를 형성하기 위해서는 발산적 사고, 또는 수렴적 사고 한 쪽에만 의지해서는 곤란하다. 창조적인 결과물은 기존의 것에 대한 검토 및 비판을 바탕으로 하여 새로운 아이디어나 해결책을 모색하고자 하는 노력 속에서만 태어날 수 있다. 즉 이처럼 창의성과 비판적 사고에 대해 고찰한 많은 학자들은 이 두 가지의 사고방식이 서로 불가분의 관계에 있는 것으로 파악하고 있다.

또한 논쟁(controversy)에 대해 일반적으로 우리가 가지고 있는 생각은 불일치, 혼란스러움, 충돌, 갈등 등의 부정적인 이미지일 가능성이 높다. 하지만 논쟁은 문제 해결이나 비판적 사고 또는 판단추론 등에 내재하는 필연적인 것이며, 이러한 비판적 사건은 학습의 증가, 창조적 이해, 더 큰 사회적 능력과 심리적 건강 등을 가져올 수 있다고 알려져 있다(Johnson & Johnson, 1993: 52, 조영웅, 2014: 519에서 재인용).

결론적으로 강한 의미에서의 비판적 사고는 자신의 말이나 행동, 그리고 정보에 대한 판단이 벌어지게 되는 배경 등에 대한 의문에서 출발하여 보다 다양한 관점에 대한 수용의 자세 및 이를 바탕으로 하여 자신이 가지고 있는 사고의 한계를 뛰어넘어 보다 객관적이고 합리적인 사고를 하는 것이라고 할 수 있다. (말이나 글의) 논리적인 구조, 그리고 내용상의 의미에 대한 분석이라는 한정적인 의미에서의 비판적인 사고가 아니라 하나 이상의 관점을 강조하게 되는 다각성, 그리고 자신에 대한 지속적인 성찰 및 반성이 이루어지며(정상봉 외, 2014), 이를 바탕으로 주어진 문제를 해결하거나 보다 넓고 열린 세계관을 가지는 것이 강한 의미에서의 비판적 사고라 할 수 있다. 이 과정에서 도출되는 결과물은 기존의 것을 넘어서는 '창의적'인 관점을 담고 있는 것일 가능성이 있다.

나아가 이와 같은 "강한" 의미에서의 비판적 사고를 통해서 우리는 소위 말하는 다문화 · 다원화 사회의 일원으로서, 그리고 보다 나은 시민사회의 일원으로서의 자질을 향상시킬 수 있게 된다. 비판적 사고는 시민들이 다원적이고 민주적인 사회에 참여하기 위한 능력들 중에서 아주 중요한 요소 중 하나이다(Ten Dam and Volman, 2004: 360). 이후에 토론에 대한 논의를 이어가는 자리에서 다시 언급하겠지만, 민주주의의 발전을 위해서는 시민들의 참여, 다른 의견에 대한 존중 및 합리적인 의사결정이 반드시 수반되어야 한다. 비판적인 사고, 이슈에 대한 비판적인 접근은 '단순히' 특정한 견해를 수용하는 것이 아니라 (특정한 사안에 대해서) 어떤 선택을 하는지, 그리고 그 선택을 왜 했는지에 대해서 논리적으로 생각하는 것이며 또한 다른 사람들의 견해와 선택을 존중하면서 동시에 이를 꼼꼼하게 살펴보는 과정을 통해서 자신의 견해를 형성하고 이를 타인과 공유하는 총체적인 과정을 의미한다.

이와 같은 비판적 사고의 기대효과는 비판적 사고의 가장 기본적인 특징, 즉 일상적으로 생각 없이 넘어갈 수 있는 것들에 대한 의구심으로부터 비롯된다. 또한 다른 사람들의 믿음이나 주장에 대해서 뿐만 아니라 자기 자신의 주장과 믿음을 평가하기 위해서 비판적 사고를 사용하는 것은 인간의 사고에는 맹점(blind spot)이 존재한다는 것을 인정한 후 이를 극복하기 위한 노력에 대한 이야기에 다름 아니다. 모든 사람들의 주장이나 관점에는 각각의 문제점이 내재되어 있으며 인간은 기본적으로 자기중심적일 수밖에 없기 때문에 자신의 생각에 대해 성찰하고 타인의 견해를 진지하게 받아들이고자 하는 것은 중요한 작업이다. 각자가 가지고 있는 맹점을 극복하면서 우리는 기존에 생각하지 못했던 새로운 방식의 사고로 나아갈 수 있다. 그리고 비판적 사고를 사용함으로써 우리는 보다 나은 시민성을 갖춘 민주적인 시민으로 거듭날 수 있고, 민주주의 발전에도 기여할 수 있다. 민주주의는 시민들이 충분히 비판적이어야 번영할 수 있다."(Harvey Siegel, 2017, 권오상, 2017: 50-51에서 재인용)는 표현처럼 비판적 사고는 단순히 문제 해결이나 창의성에만 연관된 것이 아니라 사회의 근본적인 부분의 변화에까지 연결되는 자질이라고 할 수 있을 것이다.

3
비판적 사고의 유용성

앞서 우리는 비판적 사고가 비성찰적인 사고와 어떻게 다른지, 그리고 비판적인 사고가 어떤 역할을 할 수 있는지에 대해서 살펴보았다. 비판적인 사고는 우리가 보다 합리적으로 사고할 수 있게 해주고 창의적으로 문제를 해결하게 도와줄 수 있는 자질일 뿐 아니라, 민주주의 발전에도 영향을 미친다고 이야기할 수 있는 성격을 지니고 있다. 그리고 막연히 추상적이고 어려운 것이 아니라, 우리는 사실 알게 모르게 비판적인 사고를 이미 일상적으로 하고 있다는 사실 역시도 눈치 챌 수 있었을 것이다. 이 책에서 다루고자 하는 내용은 우리가 지금껏 은연중에 해오던 과정들을 어떻게 하면 더 잘 할 수 있을까에 대한 명시적 지식의 측면이다.

앞으로 이 책을 통해 우리는 기존 학자들의 논의, 철학에서 흔히 다루고 있는 비판적 사고와 관련된 내용들, 그리고 토론은 어떤 방식으로 해야 하며 유의사항은 무엇인지 등에 대해서 살펴보게 될 것이다. 아마도 몇몇 독자들은 때로는 어렵게 느껴지고, 때로는 지루하게 느껴지는 내용들에 대해 실망할 수도 있을 것이다.

우리가 이 시점에서 기억해야 하는 것이 한 가지가 있다. 이 책에서 이야기되는 것들은 사고력 향상에 있어서 아주 기본적인 내용이며 또한 언어로 전달될 수 있는 부분이다. 이처럼 명시적으로 알 수 있는 형태인 언어나 문자를 통하여 겉으로 표현된 지식을 철학자들은 흔히 명시적 지식이라고 이야기한다.

하지만 이와는 반대되는 종류의 지식도 있다. 헝가리 출신의 철학자 폴라니(Michael Polayni)는 학습과 체험을 통해 개인이 습득할 수 있지만 겉으로 드러나거나 전달이 어려운 지식을 암묵적 지식이라고 이름 지었다. 비판적 사고의 습득은 사실 암묵적 지식을 익히는 것에 더 가깝지 않을까 생각된다. 즉, 비판적 사고라는 것은 자연스럽게 우리 몸에 배어 있는 일종의 기술이 되어야 한다. 따라서 여기서 다루고 있는 기본적인 내용들을 단순히 알고 있는 것만으로 비판적 사고가 증진되었다고 할 수는 없다. 자전거 타기를 상상해보자. 대부분의 사람들은 자전거 타는 법을 한 번 익히고 나면 세월이 지나도 쉽게 잊어버리지 않는다. 반대로 자전거 타는 법을 교재나 유튜브를 통해서 배운다고 생각해보자. 물론 우리는 이런 식으로도 자전거 타는 법을 배울 수는 있다. 하지만 결국 중요한 것은 자전거 위에서 균형을 잡으며 앞으로 나아갈 수 있는 감각을 몸으로 습득하는 과정이다. 비판적 사고를 사용하는 것 역시도 자전거 타기와 유사하다고 할 수 있다. 즉 다양한 방법을 통해서 습득한 지식으로는 부족하고, 이것들을 활용하여 부단히 연습하고 개인의 내재화된 경험이나 노하우로 만들어야 한다.

- **이 장의 초반에 이야기한 것처럼 '비판적 사고'에 대한 정의는 매우 다양하다. 위에서 소개하지 못한 비판적 사고에 대한 다른 정의들을 간략히 살펴보도록 하자.**

  ① 박유정(2012): "비판은 비평이나 비난과 달리 객관성을 지향하는 철학적 평가이며, 비판적 사고란 논증을 구성, 변별할 수 있는 사고능력임"

  ② 정상봉 외(2014): "(비판적 사고란) 과거에서 현재까지 자료를 분석, 종합하고 다각적으로 조명하여 타당한 근거를 토대로 일정한 사실과 믿음의 체계를 구성하는 작업"

  ③ Norris and Ennis(1989): "믿음이나 행위를 결정하기 위해 하는 합리적이고 반성적인 사고"

  ④ 김태영(2014): "문제풀이를 위한 기계적 행위가 아닌 실생활의 문제 해결을 위한 '사고의 실천' 영역"

■ 비판적 사고의 특징(정상봉 외, 2014)

① 비판적 사고는 미시적인 부분이 정확하게 고려되어야 함(분석적)과 동시에 거시적인 면도 체계적으로 종합되어 미시적인 요소 간 상호연관성이 파악되어야 함(종합적)

② 비판적 사고는 오류가 없는 논리성을 지녀야 하며(논리적), 사고의 부분이 끊어지지 않고 제대로 들어맞아 결론에 영향을 줄 때 부정적 영향을 미치지 않아야 함(정합적)

③ 고차원적 사고로서의 비판적 사고는 한 관점만을 고수할 때 나타날 수 있는 부정적 결과를 고려해야 하고(다각적), 지속적인 반성적 사고행위를 통해 바람직한 결과의 추구를 고려해야 함(반성적)

출처: 이승규 · 정문숙(2019). 2018학년도 교양교과 개발연구에서 재인용 후 일부 수정함

제2장

비판적 사고를 위한 논증

1
논증이란 무엇인가?

논증(論證)은 말의 뜻 자체에서 보자면 논리적으로 증명하는 것을 말한다. 논리학 책에서는 논증을 전제와 결론 사이의 연관성이라고 정의한다. 전제가 참일 때, 주장이나 결론이 참이되는 가하는 것을 논리적으로 따져보는 것이 논증의 과정이다. 우리는 일상에서 논증적 표현을 하지만 대개는 논증의 절차를 의식하지 않고서 이야기를 한다. 하지만 일상생활 속에서도 어떤 사안에 대해 주장을 하거나 의견이 부딪치게 되면, 자신이나 상대방에게 주장의 근거를 묻곤한다. 어떤 근거에서, 어떤 이유에서 그런 주장을 하는 가라는 물음 아주 일상적인 질문이다. 이처럼 쟁점이 되는 사안을 다룰 때 중요한 것이 비판적 사고와 표현력이다. 논증은 비판적으로 사고하고 표현할 수 있는 능력을 키우는 중요한 방법이다. 그런데 이런 표현력과 사고의 핵심은 근거에 기반해서 자신과 타인의 주장을 분석하고 판단할 수 있는 능력에서 찾을 수 있다. 이런 비판적 사고와 연관된 논증의 실례를 다음의 예를 통해서 간단히 살펴보자.

주장: 내일 비가 올 것이다.

근거 1: 달 주위에 달무리가 심하게 생겼다.

근거 2: 어머니의 허리가 아프다고 하신다.

위에 나오는 '내일 비가 올 것이다.'라는 것을 주장하기 위해서 근거로 달무리와 어머니의 허리통증을 제시했다. 근거 1은 과학적인 근거에 기반한 것으로 합리적으로 보이지만, 근거 2는 허리통증 자체가 비와는 직접적인 인과성을 보장할 수 없다. 어머니의 허리통증은 다른 신체의 이유로 발생할 수도 있다. '내일 비가 온다.'라는 주장이 참으로 판명나기 위해서는 좀 더 필연적인 근거를 제시하는 것이 요구된다.

그런데 논증에서 일차적으로 중요한 것은 주장이다. 먼저 주장이 참과 거짓이 성립하는 명제이어야 근거가 의미 있게 주장을 뒷받침할 수 있다. 그렇지 않으면 주장에 대한 판단을 내릴 수가 없다. 예를 들면 어떤 이가 '철수는 사기꾼일 수도 있고 아닐 수도 있다.'라는 주장을 했다고 가정해보자. 이것은 실제로는 제대로 된 주장이 아니다. 왜냐하면 철수는 사기꾼이거나 아닌 경우 모두를 포함하고 있기 때문이다. 좀 더 쉬운 예를 들어보면 '철수는 착하거나 나쁠 수 있다.'라고 말한다면, 우리는 이내 이런 주장이 어떤 것도 말하고 있지 않음을 알게 될 것이다. 이처럼 어떤 주장이 의미를 갖기 위해서는 참과 거짓을 분별할 수 있어야 한다. 또한 주장은 일관성을 가져야 한다. 만일 주장에 있어 일관성이 없다면, 그 주장은 논리적으로 받아들일 수 없는 것으로 판명날 것이다.

주장 1: 사람은 어떠한 경우에도 거짓말을 해서는 안된다.

주장 2: 사람은 사람을 살리는 거짓말은 때에 따라서는 해야 한다.

주장 1과 주장 2를 동일한 사람이 말한다고 하면 우리는 이런 주장을 말하는 사람이 모순에 빠져있음을 알 것이다. 이런 오류를 피하고, 이 상반된 주장을 일관성 있게 만들기 위해서 주장 1을 보편적 상황으로 설정하고 주장 2는 예외조항으로 만들어서 두 주장 사이의 충돌을 피하고자 할 것이다. 이처럼 올바른 주장을 제시하기 위해서는 우리는 주장을 일관성과 의미의 명확성을 갖고서 표현해야 하며, 주장 자체가 참, 거짓으로 판명날 수 있는 명제로 표현해야 한다.

논증에서 주장이 제대로 되었다고 한다면, 우리는 주장과 근거 사이의 관계에 대해서 살펴보아야 한다. 논증에서 자주 말해지는 근거는 주장이나 판단의 논리적인 이유로서, 보통 논거(論據)라고 부르는데 풀어보자면 논리적인 근거를 뜻한다. 대체로 '그러므로', '따라서' 의 앞에 위치하거나 '왜냐하면'으로 시작되는 문장으로 표현된다. 논거에는 일반화된 지식과 정보, 역사적으로 알려진 사실, 통계수치 등으로 표현되는 사실논거와 어떤 분야의 권위자나 전문자의 판단이나 의견에 의지하는 소견논거가 있다. 예를 들면 다음과 같다.

> 일회용품 사용을 줄여야 한다. 왜냐하면 일회용품이 환경오염의 주범이기 때문이다.
>
> 많은 전문가들은 코로나를 잡기 위해서는 강도 높은 사회적 거리두기가 필요하다고 이야기한다. 따라서 정부는 방역규제를 더 강화해야 할 것이다.

첫 문장은 일회용품의 사용을 줄여야 한다는 주장에 대해서 환경오염의 주범이라는 이유를 들었다. 우리는 이런 주장에 대해 '왜냐하면'이라는 근거가 맞는지 살펴보아야 한다. 둘째 문장에서는 정부는 방역규제를 더 강화해야 한다라고 주장하기 위해서 전문가들의 의견을 가져와서 설득력있는 논증을 펼치고 있다. 첫 번째 문장에서는 주장이 앞에 나오지만 두 번째 문장에서는 주장은 '따라서' 뒤에 나온다. 올바른 논거가 갖추어야 할 요건으로서 1) 구체성과 명료성, 2) 적절성 3) 주장과의 연관성을 들 수 있다.

이처럼 논증은 어떤 주장이나 명제가 참이라는 것을 합리화 혹은 정당화할 목적으로 사용된다. 논증은 근거나 이유를 제시함으로써 주장이나 명제가 참임을 주장한다. 그러기에 단순히 다양한 주장을 열거하거나, 연관성이 낮은 근거를 열거하는 것으로서는 논증이 성립되지 않는다. 제시하려는 주장이 명확하고 일관성이 있으며 그 주장을 뒷받침하는 이유나 근거가 합리적으로 제시될 때에만 논증적인 글이 된다. 우리는 다음의 예에서 그것을 살펴볼 수 있다.

근거 1: 사형제도는 실제적인 범죄예방효과가 없다.

근거 2: 사형제도는 범죄자의 교화를 목적으로 하는 형벌제도의 원래 취지에 부합하지 않는다.

주장: 따라서 사형제도를 폐지해야 한다.

2 논증의 구조와 분석

논증의 구조도 다양하게 존재한다. 다음과 같이 대략 세 가지 정도로 요약해서 말할 수 있다.

① 단순논증: 한가지 전제나 근거로부터 한가지 결론을 도출하는 논증을 말한다.

근거: 굴뚝에 연기가 나는 것을 보았다.

결론: 따라서 저 집은 불을 피우고 있다.

② 결합논증: 둘 이상의 전제나 근거가 분리될 수 없이 결합하여 필연적이고 타당하게 하나의 결론을 지지하는 논증을 말한다.

근거: (소크라테스에 의하면) 선은 사람의 진정한 이익을 증진시키는 것이다.

근거: 손해를 원하는 사람은 없다.

결론: 따라서 어떤 경우에도 사람들은 자신이 선이라고 믿는 바를 추구한다.

③ 합류논증: 복수의 근거가 제시되지만 이 근거들 사이에 필연적 연관성 없이 각각이 하나의 결론을 지지할 때 합류논증이라고 한다.

근거: 과속할 때 제동거리가 길어진다.

근거: 운전자의 주의력이 현저히 저하된다.

결론: 따라서 과속 운전은 위험하다.

이렇게 논증에서 근거들은 다양한 방식으로 결론과 관계를 맺는다. 우리는 앞에서 논증이 전제와 결론의 관계라는 것을 말했다. 이러한 논증의 구조를 파악한 뒤에 논증의 분석의 과정으로서 논증에 대한 올바른 평가가 이뤄져야 한다. 이러한 논증의 평가는 논증의 구성과도 밀접하게 관련되어 있다고 하겠다. 논증의 평가기준은 크게 두가지로 말할 수 있다.

① 논증의 전제를 받아들일만한가?

② 논증의 전제들이 참으로 결론을 지지하는가?

이 두 질문은 논증의 타당성으로 표현될 수 있다. 논증이 좋다고 하는 것은 이러한 기준에 부합하는 논증을 말한다. 두 가지 기준 중에서 하나라도 만족하지 못하면, 오류논증이라고 부를 수 있다.

좀 더 자세히 논증의 평가기준을 살펴보면, 첫 번째 기준인 '전제는 받아들일 만한가?'는 전제 자체가 유의미한지를 검토하는 것이다. 예를 들면, '힘센 동물이 약한 동물을 잡아먹는 것이 동물세계의 법칙이다. 코끼리는 힘이 세다. 따라서 코끼리는 약한 동물을 잡아먹을 것이다.' 여기에서 보듯이 전제가 참이라 하더라도, 결론이 언제나 참인 것은 아니다. 결론의 내용이 경험적 대상이면 경험의 내용을 점검해서 결론을 도출해야 한다. 이 경우 동물법칙이라는 전제는 초식동물인 코끼리에게는 적용되지 않는다. 따라서 결론은 거짓이 된다.

논증평가의 두 번째 기준은 전제들이 결론을 지지하는가인 데, 우리는 이것을 전제들과 결론 사이의 관련이나 전제들에 대한 결론의 충분한 근거로 표현할 수 있다. 예컨대 독일여행을 하면서 십여 명의 독일인을 만나서 이야기한 친구가 "독일에 가봤는데, 독일인들은 정말 정직하더라."라고 말했다. 우리는 이런 주장을 듣고서 전제와 결론의 관련성이 강하다고 생각하지 않을 것이다. 그것은 전제가 경험에 근거하여 참이라고 하더라도, 두 번째 기준이 되는 충분한 근거는 될 수 없다. 즉 십여 명으로서는 "강한 근거"가 될 수 없다.

정리하자면, 논증의 평가기준은 전제는 그 자체로서 참이 되어야 하지만, 그 자체로 참인 전제가 결론을 완전히 보장해 줄 수 없다. 따라서 결론과 전제의 관련성을 확인해야 한다. 그리고 이런 결론과 전제의 관련성은 충분한 개연성과 강한 논리적 연관성에서 찾을 수 있다.

3
논증의 다양한 형태

1) 연역논증이란?

연역논증은 전제로부터 결론을 끌어내는 추론방법으로서, 일반적인 법칙으로부터 구체적인 결론을 도출해내는 논증방법을 의미한다. 연역논증의 타당성은 논증의 형식에 따라서 결정되는 것이기에 연역논증의 타당성을 밝히는 것은 형식의 타당성을 설명하는 것과 같다고 하겠다. 여기서 말하는 형식의 타당성이라는 것은 참인 전제로부터 결론이 도출된다는 것을 의미한다. 다음의 예를 보자.

"까치는 조류이다. 조류는 날개와 깃털이 있는 동물이다. 그러므로 까치는 날개와 깃털이 있는 동물이다."

위의 논증에서 결론의 내용은 전제의 내용 속에 포함되어 있다. 따라서 전제가 참이라면 결론도 필연적으로 참일 수밖에 없다. 만약 전제가 결론을 뒷받침할 때 그 논증은 〈타당하다〉고 말한다. 즉 타당한 논증인 연역논증은 전제들이 참인 것으로 가정될 경우 결론이 거짓일 수 없는 논증이다.

타당한 연역논증은 크게 정언 삼단논법, 가언 삼단논법, 선언 삼단논법으로 나눌 수 있다.

(1) 정언 삼단논법

정언 삼단논법은 전제가 참인 것에서 출발하여, 매개 혹은 소전제에서 개별사례가 대전제의 구성요소임을 밝힘으로써 결론적으로 이 개별사례가 참임을 밝히는 구조이다. 다음을 보자.

전제: 모든 인간은 죽는다.

소전제: 소크라테스는 인간이다.

결론: 소크라테스는 죽는다.

여기서 모든 인간의 속성이 죽는다는 것이다. 따라서 소크라테스가 죽느냐 안죽느냐 하는 문제는 소크라테스가 인간에 속하는 가를 밝히기만 자연스럽게 해결될 수 있다. 전제 속에 이미 결론이 들어있다. 그러기에 전제가 참이면 결론도 반드시 참이 나오게 된다.

(2) 가언 삼단논법

가언 삼단논법은 두 전제가 모두 가언, 즉 가정법으로 되어있거나 대전제가 가정법으로 이루어진 삼단논법을 말한다. 그러기에 형태는 'p이면 q이다.'의 형식의 명제로 표현된다. 다음을 보자.

전제 1: 굴뚝에 연기가 나면 아궁이에 불을 피우는 것이다.

전제 2: 굴뚝에 연기가 난다.

결론: 그러므로 아궁이에 불을 피운다.

우리는 굴뚝에 나는 연기와 아궁이의 연소를 인과적으로 연결시키는 것에 익숙하다. 그래서 연기만 보아도 아궁이의 연소를 추론할 수 있다. 물론 이때 전제 1이 잘못된 가정이 되면 문제가 될 수 있다. 그런데 이런 가언 삼단논법의 좀 더 복잡화된 방식으로 결과로부터 전제를 도출하는 후건 부정의 형태와 같은 것도 생각해 볼 수 있다. 다음의 예를 보자.

전제 1: 교육이 보급되면 문맹이 타파된다.

전제 2: 문맹이 타파되지 않았다.

결론: 그러므로 교육은 보급되지 않았다.

두 번째 사례의 전제는 조건문에 결과가 필연적으로 연결되어 있다. 흔히 이런 가언 명제의 조건문을 전건, 뒤의 결과문을 후건이라고 부르고 앞 조건으로부터 뒤의 결과를 도출할 수 있다. 그런데 동일한 논증을 다른 방식으로 표현할 수 있다. 이를 테면 결과를 보고 난 후에 조건을 역으로 추정하는 방식이다. 이를 후건 부정으로서 전건 긍정을 역으로 추론하는 논증이라고 부른다.

(3) 선언 삼단논법

선언명제는 내용상 둘 이상의 명제들을 선택하는 구조로 되었다. 선언 삼단논법은 하나의 선언명제를 대전제로 삼고 그 선언 명제의 선언지중 하나를 부정하는 명제를 소전제로 삼아서 다른 선언지를 긍정하는 결론을 도출하는 논증이다. 다음을 보자.

전제 1 : 철수는 미술반 학생이거나 합창반 학생이다.

전제 2: 철수는 미술반 학생이 아니다.

결론: 그러므로 철수는 합창반 학생이다.

2) 귀납논증이란?

귀납논증은 다양한 경험사례들로부터 일반적인 주장이나 원리를 도출하는 논증이다. 그런데 귀납논증의 결론이나 주장은 다수의 경험이나 데이터에 기반한다고 하더라도 연역논증과 같이 보편적인 참(모든 것은 어떻다)의 형태로 나타날 수 없다. 귀납논증은 경험치의 한계 내에서 개연적 형태로만 일반적 주장을 도출할 수 있다. 그래서 귀납논증을 〈개연적 추리〉라고 말한다.

여기서 개연성이란 어떤 현상의 발생이나 지식에 관한 확실성과 가능성의 정도를 말한다. 수학에서는 확률로 표현되고 철학에서는 확실성의 정도로 표현된다.

(1) 귀납적 일반화

귀납적 일반화는 개별적인 것들에 관한 관찰을 토대로 일반적인 결론을 이끌어내는 귀납 추론이다. 귀납적 일반화 논증의 표준 형식은 다음과 같다.

A_1은 N이다.
A_2는 N이다.
A_3은 N이다.
그러므로 모든 A는 N이다.

그런데 귀납적 일반화의 결론은 그 참을 전제의 참에서 확실하게 보장받지 못한다. 예를 들어 지금까지 관찰된 까마귀가 검다는 사실을 근거로 모든 까마귀가 검다는 것을 확실하게 보장받지는 못한다. 왜냐하면 결론의 내용이 전제의 내용을 넘어서기 때문이다. 다시 말해 이 논증은 까마귀의 집합의 원소 일부를 관찰한 다음, 결론으로 까마귀 전체를 규정하고 있다. 이때 관찰된 까마귀 수는 전체 까마귀 수보다 언제나 적다. 이 때문에 귀납논증의 전형적 특징인 결론이 거짓일 가능성이 항상 존재한다.

귀납논증은 표본이 다양할수록 강화된다. 예를 들어 대통령 여론조사를 할 때 특정한 지역에 치중해서 한다면 그것은 표본의 대표성을 갖기 어려울 것이다. 특정지역이 아니라 다양한 지역, 다양한 연령대, 다양한 계층에서 표본을 추출하는 것이 그렇지 않은 경우보다 정확도가 높다.

다음 예시를 보자.

우리나라 성인의 레저 스포츠에 실태를 조사하기 위해서 낚시터에서 100명의 성인에게 현재 등산을 하고 있는지 조사했다. 그 결과 50명이 등산을 하고 있다고 답했다. 그러므로 성인의 50%가 등산을 하고 있다고 할 수 있다.

이 논증은 선택된 표본이 편향되어 다양성을 확보하지 못한다는 문제점을 가지고 있다. 이 경우 표본의 수를 늘린다고 해서 설득력이 강해지는 것은 아니다. 표본이 대표적이지 않는 표본을 가지고 귀납적 일반화를 시도할 때 발생하는 오류를 편향된 통계의 오류라고 부른다.

(2) 통계적 삼단논법(통계논증)

통계적 삼단논법은 전제가 둘인 논증으로, 전제에 통계 명제가 포함되어 있는 경우를 말한다. 통계적 삼단논법은 귀납적 일반화를 통해 도달한 전체 집단에 관한 결론을 전제로 삼고, 결론에서 전체 집단에 속한 한 원소나 개체에 대해 주장한다. 즉 통계적 삼단논법은 귀납적 일반화와 반대 방향으로 논증이 이루어진다. 그럼 다음 예시를 살펴보자.

우리나라 고등학생의 90%는 스마트폰을 사용한다. 길동이는 고등학생이다. 따라서 길동이는 스마트폰을 사용할 것이다.

이 논증은 대전제에서 우리나라 고등학생에 대한 속성(스마트폰을 사용한다)을 제시하고 소전제에서 길동이가 전체 집합에 속한다는 것을 밝히고, 결론에서 개체의 속성을 말하고 있다. 따라서 이 논증은 귀납적 일반화가 아니라 통계적 삼단논법이다. 다음 예시도 통계적 삼단 논법의 사례이다.

독감 예방주사를 맞지 않은 유아 80%가 이번 겨울에 독감에 걸렸다. 수철이는 두 살인데, 독감주사를 맞지 못했다. 따라서 수철이는 이번 겨울에 독감에 걸릴 확률이 높다.

(3) 유비 논증

유비 논증은 서로 다른 두 대상이 특정한 점에서 서로 유사하다는 사실을 근거로 한 쪽이 갖는 성질을 다른 쪽도 갖는다고 추론하는 논증이다. 유비 논증의 표준적인 형식은 다음과 같다.

전제: 서로 이질적인 두 대상 A와 B는(a, b, c, ...)라는 중요한 특성을 공통적으로 갖는다는 점에서 서로 유사하다.

전제: A는 Y의 특성을 갖는다.

결론: B도 Y의 특성을 갖는다.

예를 들어, 우리가 과거에 몇 마리의 학을 관찰했었고 현재 관찰하지 못한 학의 색에 대해 말할 때, 우리는 유비에 의해 그 학은 흰색이라고 추론할 것이다. 여기서 추리는 지금의 새와 이전에 관찰되었던 몇 마리의 학 사이에 유비에 의존한다. 이러한 형식은 귀납적 일반화의 형식과 유사하다. 그러나 결론이 보편적 일반화가 아니라 단칭 문장이라는 점에 차이가 있다.

유비 논증의 강도는 비교되는 대상들이 관련된 측면에서 얼마나 유사하냐에 따라 결정된다. 즉, 두 대상이 관련된 측면에서 유사하면 할수록 강한 논증이 된다. 표준 형식의 예에서 관련된 측면이란 결론에서 추론하려고 하는 성질(즉 Y)과 유사한 성질들(즉 a, b, c)의 관련성을 말하는 것이다. 또한 비교되는 대상들 사이에 문제되는 성질의 관련된 유사성의 수가 많을수록 유비논증은 강화된다. 문제되는 성질과 무관한 유사성의 수는 유비 논증의 강화와 무관하다. 마지막으로 유사한 성질을 가진 비교되는 대상들(A, B, C, D ...)이 많을수록 논증은 강화된다.

다음은 유비 논증에 관련된 문제이다. 이 논증에 대한 설명으로 가장 적절한 것은 무엇인가?(단 "A 논증이 B 논증보다 더 강하다."는 것은 A 논증이 B 논증보다 전제가 결론을 더욱 강하게 뒷받침한다는 것을 의미한다.)

> 이번에 S사의 '냉장고'를 설치했는데, 내 친구 미영이도 "S사의 냉장고"를 사용한다고 한다. 그런데 미영이네 냉장고의 온도조절 장치가 고장이 나서 음식이 상해 못 먹고 버렸다. 나도 음식을 못 먹고 버리기 전에 S사에 이야기해서 다른 제품으로 냉장고를 교체해야겠다.

① "미영이네가 설치한 S사의 냉장고는 이제는 나오지 않는 구형 모델이다."라는 사실을 위 논증에 첨가하면 강해진다.

② "미영이네가 S사에 항의한 결과 냉장고 교체와 함께 세탁기를 보상으로 주기로 했다."라는 사실을 위 논증에 첨가하면 논증은 강해지지도 약해지지도 않는다.

③ "미영이네가 설치한 S사의 냉장고의 모델기호는 K로 시작하는 반면, 내가 산 냉장고의 모델기호는 P로 시작한다."는 사실을 위 논증에 첨가하면 위 논증은 강해진다.

④ "미영이네 냉장고는 고장 나기 전 자주 윙~하는 이상한 소리를 냈다고 하는데, 지금 우리 냉장고가 가끔 윙~하는 소리를 낸다."라는 사실을 위 논증에 첨가하면 논증은 약해진다.

정답은 ②번이다. 이 예시 글에서 주장은 "다른 냉장고로 교체해야겠다."이다. 유비 논증은 비교가 되는 두 대상의 특징이 비슷한 것을 보이면 주장이 강화되고, 서로 다른 것을 보이면 주장이 약화된다.

(4) 인과 논증

인과 논증은 전제와 결론의 관계가 원인과 결과로 이루어진 논증을 말한다. 인과 논증은 전제와 결론 간의 인과관계를 보여 주는데, 일반적으로 원인이 시간적으로 선행하며, 공간적으로 근접해 있다. 하지만 반드시 그러한 것은 아니다. 이를 테면 사건 A와 사건 B가 자주 시간적으로 앞서거니 뒤서거니 발생하거나 공간적으로 인접해서 발생한 경우, 우리는 둘 사이의 인과 관계가 있다고 단정하기 쉽다. 그러나 어떠한 경우에는 인과 관계보다 상관관계로 파악해야 할 경우도 있다. 그리고 두 사건이 상관관계가 있다고 해서 반드시 인과관계가 있는 것은 아니다. 예를 들어 아이스크림 판매가 많아질 때 성범죄 발생률이 높아진다는 통계 수치가 있다고 하자. 그렇다고 그것을 가지고 아이스크림 판매량과 성범죄 발생률 사이에 인과관계가 있다고 말하지는 않는다. 단지 아이스크림 판매량과 성범죄 발생률 사이에는 상관관계가 있다고 말할 수 있다.

인과 개념은 결과에 영향을 미치는 조건에 따라 원인을 필요조건, 충분 조건, 필요충분조건 그리고 확률적 조건으로 나눌 수 있다.

■ 필요조건으로서의 원인

'A가 B의 필요조건'이라는 것은 A라는 조건 없이는 B가 결코 일어날 수 없음을 의미한다. 예컨대 뇌염을 생각해보자. 뇌염모기는 뇌염의 원인이라고 한다. 이때의 원인은 필요조건으로서의 원인을 의미한다. 뇌염모기가 뇌염의 필요조건이라는 것은 뇌염모기에 물리지 않으면, 뇌염에 걸리지 않는다는 말이다. 일반적으로 자연계에서 특정한 결과가 발생하기 위해 단 하나의 조건보다는 여러 조건이 동시에 갖추어져야 할 경우가 많다. 이때 각각의 조건은 결과에 대한 필요조건이 된다. 예를 들어 사과 농사를 짓는 농부가 풍부한 사과 수확을 얻기 위해서는 다양한 조건의 원인이 필요하다. 충분한 햇빛, 적당한 물과 비료, 전문적인 농사 기술등의 개별적 요소들은 풍성한 사과 수확의 결과를 위한 필요조건이 된다. 만일 이들 조건들 중 어느 하나 나도 충족되지 않는다면 풍성한 수확은 기대하기는 힘들 것이다.

■ 충분조건으로서의 원인

'A가 B의 충분조건'이라는 것은 A라는 조건이 만족되면 B가 발생한다는 것이 보장됨을 의미한다. 즉 A가 발생한다면 반드시 B도 발생해야 한다. 예를 들어 구름과 비와의 관계에서 비가 구름의 충분조건이라는 것은 비가 왔다면 반드시 구름이 있어야 한다는 말이다. 또 다른 예로 독감에 면역력을 키우기 위해 독감 예방 주사를 맞는다. 그때 예방주사는 면역체를 형성하여 독감을 예방하는 충분조건이 된다. 이뿐만 아니라 때로는 어떤 인과적 조건들은 개별적으로는 필요조건이 되고 결합해서는 충분조건이 된다. 앞의 예에서 앞서 보았던 사과 농사에서 적당한 물, 충분한 햇빛 등은 사과의 풍작을 위한 충분조건이 된다.

■ 확률적 조건으로서의 원인

하나의 사건이 발생할 때 필연조건이나 충분조건과는 달리 확률적 조건에서 그 원인을 찾을 수 있다. 이를 두고 확률적 조건의 원인이라고 할 수 있다. 예를 들어 흡연과 폐암의 관계에서 흡연은 폐암에 확률적 조건으로서 원인이다. 담배를 피운다고 해서 폐암에 반드시 걸리는 것도 아니고, 반대로 담배를 피우지 않는다고 해서 반드시 폐암으로부터 자유로울 수 없다. 그러나 오랜 임상 결과 흡연과 폐암 간에는 명시적인 인과관계는 규명되지 않았지만 어떤 연관성이 있다고 추정된다. 이때 추정이 의미하는 것은 흡연이 폐암의 확률적인 원인이 된다는 것이다. 흡연이 비흡연자보다 폐암의 발생할 확률이 더 높다는 말이다.

■ **연습문제: 다음의 논증은 모두 귀납논증이다. 다음의 논증을 읽고 어떤 유형의 논증인지 설명하시오.**

1. 지금까지 백조를 천 마리 이상 검사했더니 깃털이 모두 흰색이었다. 그러므로 모든 백조의 깃털은 흰색일 것이다.

2. 인간이나 시계는 그 활동을 멈추면 안 된다는 점에서 서로 유사하다. 따라서 일정한 속도로 쉬지 않고 가는 시계가 좋은 시계이듯이, 자신의 목적을 향해 쉬지 않고 꾸준히 나아가는 사람이 좋은 사람이다.

3. 지구에는 공기, 물, 흙, 햇빛이 있고 생물이 살고 있다. 얼마 전 화성탐사선이 보내온 사진을 보면 화성에도 공기, 물, 흙, 햇빛이 있었다는 것을 알 수 있다. 그러므로 화성에서도 생물이 살고 있었다는 것을 추측할 수 있다.

4. 문제가 된 도시락 중에서 몇 개 검사해보니, 계란이 상해 있다는 사실이 발견되었다. 이번 도시락 사태의 원인은 계란에 있었던 것 같다.

5. 잘 나간다는 회사 100개를 조사했다. 그랬더니 모두 인센티브 제도를 실시하고 있다는 것을 알았다. 인센티브 제도가 회사를 잘 나가게 하는 원인임에 틀림없다.

6. S사와 L사의 세탁기의 고장률을 조사했다. 그 결과 L사의 고장률이 평균 10% 낮았다. 오늘 영춘이는 L사의 세탁기를 구입했다. 이 세탁기는 집에 사용하고 있는 S사의 세탁기보다 고장이 안 날 것이다.

7. DELF 시험을 처음 치는 학생들은 대부분 30점을 받기가 어렵다. 종식이는 오늘 처음으로 DELF 시험을 본다. 그러므로 종식이는 30점을 받지 못할 것이다.

8. 다음 진술에서 제시된 원인의 의미를 〈보기〉에서 찾으시오.

〈보기〉
A) 필요조건으로서의 원인
B) 충분조건으로서의 원인
C) 확률적인 원인

① 아시안게임에 참여해야 아시안 게임 금메달을 딸 수 있다.

② 「비판적 사고와 토론」 수업은 중간고사, 기말고사를 보고 3번 이상 결석하지 않으면 D를 받지 않는다. 나는 중간고사와 기말고사를 보고, 한 번도 결석하지 않았으니 D 이상은 받을 것이다.

③ 전기가 들어와 전등에 불이 들어왔다.

④ 오늘 폭설이 와서 비행기 운행이 취소되었다.

⑤ 산소가 있어야 초에 불이 붙는다.

⑥ 호수에 돌을 던지면 물결 파동이 발생한다.

⑦ 하루에 사과 하나를 먹으면 변비를 고칠 수 있다.

■ 귀납논증의 특징과 한계

유명한 철학자인 버트런트 러셀(1872~1970)은 귀납논증에 대해 쉬운 예를 들어 설명한다. 어느 동네에 칠면조 한 마리가 있었다. 그 칠면조는 매일 아침 7시에 주인이 아침식사를 주었기에 "아침식사는 7시에 나온다."라는 일반화된 원칙을 가지고 있었다. 그 날도 아침식사를 기다렸다. 하지만 기다리던 식사는 나오지 않고 그 칠면조는 식당에서 끌려가 요릿감이 되기 위해서 죽임을 당하였다. 그날은 추수감사절 바로 전날이었던 것이다. 그 칠면조는 추수감사절 요리를 위해서 희생되었다. 칠면조는 이전의 반복된 경험으로부터 하나의 사실, 즉 아침식사는 매일 아침 7시에 주어진다는 것을 진리로 믿었다. 이 진리는 그가 죽기 전 날 아침까지도 유지되었다. 하지만 이 칠면조가 죽음으로써, 이것이 믿던 진리는 참이 아님이 밝혀졌다. 러셀은 칠면조의 예를 통해서서 귀납논증은 언제나 경험적 지식에 의해서 깨어질 수 있는 진리체계임을 알려주었다.

러셀 이후에 칼 포퍼(1902~1994)라는 철학자는 경험적 지식의 문제를 철학적으로 좀 더 체계화한다. 그는 과학이 기반하고 있는 지식을 경험적 지식이라 하였으며, 이때의 경험적 지식은 참과 거짓으로 구분되는 지식이다. 과학적 지식은 경험에 의해서 참 · 거짓이 구분되기에 언제나 경험을 통해 확인가능하다. 경험을 통해 어떤 지식이 거짓으로 판명나면 기존에 지식이 아무리 권위있는 체계라도 반박될 수 있어야 참된 과학이 될 수 있다. 이처럼 과학의 반증가능성(Falsifiability)이야말로 과학을 과학이 되게 하는 척도인 것이다. 여기서 우리는 자주 인용되는 검은 스완의 예를 통해 이 개념의 의미를 명확히 이해해 볼 수 있다. 우리는 현재까지 스완은 흰색이라고 믿었다. A_1, A_2 , A_3, A_4,A_5, A_6, A_7, A_8. ... An번째의 현재 경험에 이르기까지 모두 흰색 스완만을 보았다면, 우리는 '스완은 흰색이다.'라는 일반적 명제를 주장할 수 있다. 하지만 미지의 An + 1째에는 검은 색 스완이 발견되지 않을 것이라고는 주장할 수 없다.

이는 경험적 지식은 언제나 한정된 범위(시간, 공간)내에서만 유효한 지식이기 때문이다. 이처럼 미래의 어느 시점(n+1)에 지금 내가 믿는 확실한 이론체계에 대한 반대사례

〈오리-토끼 그림〉

가 나오면 기존의 이론체계를 폐기해야 한다. 이것이 과학적 태도이며, 과학적 태도는 언제나 새로운 지식에 대해 열려있어야 한다는 것이 칼 포퍼의 핵심주장이다. 그리고 포퍼는 이런 열린 배움의 자세를 통해서 과학과 근대 사회가 발달해 왔다고 주장한다.

하지만 이런 포퍼의 주장에는 경험적 지식이 인간적 선입견이나 편견에서 벗어난 중립적 지식이라는 믿음이 깔려있다. 그가 주장하듯이 우리의 경험지(知)가 모든 지식체계를 비판하고 반박하는 잣대로서의 역할을 할 수 있다면, 우리의 시지각이나 경험적 지식은 언제나 중립적이어야 할 것이다. 그런데 앞의 오리-토끼의 그림처럼 우리의 시각은 어떤 편향성에 따라 사물을 보는 경향이 있다. 말하자면 우리의 경험지식의 가장 초보적인 형태인 시각경험도 사물 그 자체를 보는 것이 아니라 선입견에 영향을 받는다. 그렇다면 우리는 포퍼에게 되물을 수 있다. 포퍼는 자신의 전제[경험지식의 결과에 따라 이론들은 언제나 폐기될 수 있다]에 대해서도 역시 열린 태도[자신의 전제-경험지식이 모든 진리의 척도이다-도 폐기될 수 있다는 열린 자세]를 견지했다고 볼 수 있을까?

제3장

문제 해결을 위한 비판적 사고

1
문제의 정의와 비판적 사고의 과정

1) 이슈가 되는 문제 정의

글의 주장은 쟁점이 되는 문제를 정확히 제시하는 것으로부터 문제 해결의 첫 단추를 끼울 수 있다. 논증은 대체로 논증자가 자신의 입장을 정하고 그 입장에 따라서 자신의 주장을 펼치는 과정이다. 이렇게 주장을 펼치면서, 논증자는 자신의 입장에서 문제 해결의 단서를 찾을 수 있다. 이런 점에서 논증적 글은 언제나 문제에 대한 정의, 그 문제에 대한 자신의 입장 그리고 이런 입장에서 기인하는 해결책에 대한 주장이 들어있어야 한다.

다음 문단을 보고서 이슈가 되는 문제를 정의해보도록 하자.

> 지국온난화와 환경위기로 인해서 전세계적으로 국제환경협약을 맺었다. 하지만 환경협약을 이행하는 데 있어서 선진국과 개발도상국 사이의 의견차이가 크다. 선진국은 환경을 보호하는 것이 우선이기에 온실가스 감축을 위해서 탄소배출량과 산림의 보호등을 주장하며 개발도상국을 압박하고 있다. 주된 내용은 2015년 파리에서 열린 유엔기후변화협약에서 채택된 파리협약이 대표적인 예이다. 이 협약은 단지 선진국만이 아니라 개도국과 극빈국까지도 포함하고 있다. 최대 온실가스 배출국인 중국과 인도 역시 여기에 포함되어 있다. 하지만 선진국이 이렇게 환경문제를 강하게 주장하는 반면, 저개발국은 여전히 중공업중심의 산업을 발전시켜야 하기에 환경문제는 우선 순위에서 밀릴 수밖에 없다. 또한 서구의 국가들이 300년 전에 이미 산업화를 성취한 반면, 개발도상국들은 여전히 산업화 가운데 있기에 형평성의 문제도 있다. 이들이 볼 때 선진국은 이미 오염배출이 많은 중공업중심의 산업구조를 벗어났기에 자유롭게 환경문제에 대해서 논할 수 있다고 생각한다.

여기서 이슈가 되는 문제는 무엇인가? 개발도상국과 선진국 사이의 이해관계는 어떻게 다른가? 개발도상국을 설득하면서 환경문제를 해결하기 위한 방법은 무엇일까?

이슈가 되는 문제들은 다양한 관점과 이해관계가 얽혀있다. 그러기에 우선적으로 정확한 문제를 파악하고 그것을 정의하는 것이 필요하다. 이를 위해서는 문제를 하나의 질문형태로 구체화하는 것이 유익하다.

2) 개념

이슈가 되는 문제 속에 포함되어 있는 추상적인 단어의 의미와 연관되어 있다. 우리는 이슈를 명확히 하기 위해서 이슈에서 논의되는 핵심개념을 명확히 할 필요가 있다. 말하자면 핵심개념이 무엇인지, 그 개념의 의미가 무엇인지를 명확히 하는 것이 중요하다.

4차 산업혁명은 생산의 자동화를 가속화시킨다. 자동화로 인해 인간의 노동력은 제품 생산에 큰 역할을 하지 않을 것이다. 그 결과 미래 사회의 사회적 문제로 실업의 문제가 중심적으로 대두될 것이다.

이 논증에서 핵심개념인 '4차 산업혁명'이라는 개념에 대해 생소하거나 그 의미를 파악하기 어려울 수 있다. 이럴 때 우리는 사전이나 다양한 매체를 통해서 '4차 산업혁명'이라는 개념의 정의를 파악할 수 있다. 그런데 핵심적인 개념도 다양한 맥락에 따라서 규정될 수 있다.

"우리사회는 아직도 정의가 제대로 실현되지 않았다."

이 명제만 본다면, 어떤 정의인지 알 수 없다. 분배적 정의인지, 사법적인 정의인지, 약자를 위한 정의, 회복적 정의인지 알 수가 없다. 하나의 개념은 맥락 속에서 그 의미를 명확히 가질 수 있기에 이슈가 되는 문제를 중심으로 하나의 개념에 대해 분석해야 한다.

3) 주장과 근거

모든 논증은 논리적인 입증의 과정을 의미한다. 이슈에 대해서 논증을 한다는 것은 단순히 논리적 증명만이 아니라 최종적으로 이슈에 대한 주장을 향하고 있다. 그리고 이슈에 대한 주장은 언제나 근거를 갖고서 정당화되고, 입증된다. 그렇기에 논증의 과정에서 주장이 목적지라면 근거는 이런 목적지에 도달하는 단계들이라고 하겠다. 이슈에 대해 제시되는 논증은 최종적으로 논의에 있어서 주장을 갖는다. 이슈를 다루는 글에는 여러 개의 근거와 주장들이 혼재할 수 있다. 중요한 것은 하나의 글 속에 들어있는 다양한 주장과 근거들 사이에 연관성을 파악하고 분석하여 중심이 되는 근거를 옹호 비판하는 것이 중요하다.

[논제] 중고등학교에 건강에 해로운 음료 판매는 적절한가?

[논지] 건강에 해로운 음료 판매는 부적절하다.

[근거] 다수의 연구에서 설탕이 들어간 음료는 청소년의 비만과 당뇨의 주범이다.

[중간 결론] 청소년들은 미성년자로서 비만이나 당뇨에 대한 충분한 지식과 성숙한 문제의식을 갖고 있지 않다.

[최종 결론] 따라서 학생들을 당뇨와 비만에서 보호하기 위해서 교내의 자판기에서 설탕이 들어간 모든 음료를 퇴출시켜야 한다.

이 논증에서는 설탕음료로부터 청소년들을 지키기 위해서 필요로 하는 근거들을 다수의 연구에서 찾고 있으며, 중간에 청소년들이 성인이 아니라는 근거를 들어서 학생들이 자발적인 결정이나 판단을 하는 것을 돕기보다는 보호자의 입장에서 청소년들이 설탕음료에 대한 접근 자체를 제재하는 쪽으로 주장한다. 여기서처럼 주장은 근거에 기반하고 있는데, 때론 이런 근거들이 객관적이기도 하지만 글쓴이의 가치관이나 사회적 선입견 등에서 기인하는 경우도 많다. 그러기에 주장이 기반하고 있는 근거를 객관적인 자료로서 받아들이기보다 그것이 함축하고 있는 것, 숨기고 있는 것을 분석하는 과정이 필요하다.

2
비판적 사고를 위한 9요소와 9기준

비판적 사고를 위한 최소한의 방법론적 도구는 비판적 사고의 9가지 요소와 기준을 기반으로 한다. 여기서 말하는 사고의 요소는 사고의 구조이며, 이를 판단하는 지적 기준이 바로 기준이다. 사고의 9가지 요소들은 생각할 때 어떤 것에 초점을 맞추어야 하는지에 대한 이야기라면, 여기서 다루고 있는 사고의 9가지 기준은 사고의 형식, 혹은 생각에 대한 평가의 기준이라고 할 수 있다.

즉 사고의 9가지 요소는 우리의 보편적인 사고과정에 해당되기 때문에 이와 같은 사고과정의 일반적인 구조적 요소를 분석하는 것은 비판적인 사고력의 기본이라고 할 수 있다. 사고의 9가지 기준은 사고의 9가지 요소를 가지고 자신의 사고를 전개해 나가거나 다른 사람의 사고를 평가할 때 각각의 요소에 적용되어야 하는 사고방식을 가리킨다.

1) 비판적 사고의 9요소

비판적 사고의 9가지 요소는 학자들마다 약간의 견해차이를 보이지만 일반적으로 대동소이하다. 모든 글이나 생각은 대략적으로 여기서 이야기하는 9가지 요소를 지니고 있다는 것이다. 그 내용에 대해서는 아래 표를 확인해보자.

사고의 9요소		
문제(question at issue)	결론(conclusion)	목적(purpose)
개념(concept)	전제(presupposition)	관점(point of view)
정보(information)	함축(implication)	맥락(context)

출처: 김영정 · 정상준, 2005: 218

(1) 문제

(경우에 따라 다르지만) 학문적이거나 논증적인 글들은 텍스트에 현안문제가 제시되어 있고, 그 문제를 해결하는 과정이 드러나 있다. 따라

서 우리는 글을 읽고 쓸 때, 그 텍스트에서 다루고 있는 현안 문제에 대해 확인해야 한다.

(2) 개념

모든 텍스트 안에는 주요 개념이 들어가게 마련이다. 이런 개념들 중 중요한 역할을 수행하는 단어나 개념에 대한 이해가 충분한지, 그리고 분명하고 명료하게 그 의미들을 사용하고 있는지에 대해서 생각해보아야 한다.

(3) 정보

모든 텍스트 안에는 사고의 기반이 되는 경험, 증거, 관찰 내용 등이 드러나 있다. 이러한 자료들이 부적절하거나 잘못되었을 경우 우리들의 사고도 잘못 도출될 수 있다. 따라서 텍스트에 드러난 자료가 적절한지, 그리고 결론을 지지하기에 충분한지 등을 생각해보아야 하며, 동시에 우리 자신이 이러한 자료들을 우리의 관점에 경도되어 왜곡하고 있지는 않은지 등을 살펴보아야 한다.

(4) 결론

앞서 살펴본 바와 같이 논증은 전제와 결론으로 구성되며, 결론은 보통 주장의 역할을 한다. 추론은 전제로부터 새로운 결론으로 나아가는 과정이며, 그 추론의 결론=주장이다.

우리가 텍스트를 읽을 때 가장 먼저 찾아보아야 할 것이 결론이며, 우리는 결론이 전제와 논리적으로 관계를 가지는지를 살펴보아야 한다.

(5) 전제

모든 사고는 어떤 출발점을 설정할 수 밖에 없는데 이것은 보통 당연하게 여겨지는 것들이다. 즉, 전제=기본적인 가정이라고 할 수 있다. 이 전제에 결함이 있다면 우리의 사고에도 결함이 이어질 수 있다. 따라서 텍스트를 읽거나 쓸 때 그 글에서 사용된 전제에 대해 적절한지를 확인해야 한다.

(6) 함축

함축은 결론과는 달리 텍스트 안에서 명시적으로 드러나지 않는다. 함축은 텍스트로부터 추론할 수 있는, 더 나아간 귀결이기 때문이다(정상봉 외, 2014: 68). 우리가 소위 말하는 "(글의) 행간을 읽어야 한다."는 표현이 바로 함축을 찾아보자는 의미이다.

(7) 목적

우리는 책을 읽거나 글을 쓸 때 반드시 목적 차원을 잘 다루고 있는지에 대해 생각해보아야 한다. 모든 텍스트는 목적을 가지고 있으며, 그 목적은 현상을 설명하는 것일 수도, 대안을 제시하는 것일 수도, 혹은 특정한 입장을 지지하는 것일 수도 있다. 텍스트가 포함하고 있는 목적에 대해서 우리는 주목할 필요가 있다.

(8) 관점

관점에 대해서는 두 가지 차원에서 접근할 수 있다. 첫째, 어떤 글을 읽을 때 필자가 과연 어떤 관점에 서 있는지에 대해서 생각해보는 것이다. 이와 같은 관점을 파악하는 일은 글의 방향과 성격을 파악하는 데 중요하다. 둘째, 우리 자신이 얼마나 다양한 관점을 수용할 수 있는지에 대해 생각해보아야 한다. 만일 하나의 문제를 다양한 관점으로부터 폭넓게 다루고 있는 텍스트가 있다면, 이러한 텍스트를 잘 이해하기 위해서는 독자 역시도 다양한 관점을 잘 식별할 수 있어야 한다.

(9) 맥락

어떤 글이나 말이던 항상 특정한 맥락이나 배경 아래에서 이루어진다. 필자가 글을 쓰게 된 역사적인 정황도 맥락의 일부이며, 텍스트가 만들어진 시점이나 특정한 독자에 대한 고려 역시도 맥락의 일부가 된다. 따라서 텍스트를 제대로 이해하기 위해서는 그것이 발생하게 된 배경과 맥락을 고려해야만 한다.

2) 비판적 사고의 9기준

사고의 9기준		
분명함 (clarity)	적절성 (relevance)	다각성 (breadth)
정확성 (accuracy)	중요성 (importance)	충분함 (sufficiency)
명료함 (precision)	논리성 (logicalness)	심층성 (depth)

자료: 김영정 · 정상준, 2005: 218

(1) 분명함

분명한 글이란 이중적이고 다의적으로 해석될 여지가 없는 글이다. 진술이 분명하지 않으면 우리는 그 진술에 대해 적절한 판단을 내리기 어렵다. 따라서 우리가 어떤 글을 접하게 되는 경우에 개념, 문제, 표현 등이 애매하게 제시되지 않았는지를 확인해야 한다.

(2) 정확성

정확하다는 것은 어떤 사건이나 사물에 대한 진술이 사실에 부합한다는 것을 의미한다. 분명하기는 하지만 정확하지 않은 정보를 전달하는 경우가 많기 때문에, 비판적 사고를 위해서는 사실과 사실이 아닌 것에 대한 내용을 제대로 판별해보아야 한다.

(3) 명료함

명료함은 모호함의 반대이다. 명료하다는 것은 어떤 진술의 의미를 확실하게 이해하는데 필요한 세부적인 사항을 제공하고 있다는 것이다.

(4) 적절성

적절하게 사고한다는 것은 그 진술이 핵심내용과 잘 연관되어 있다는 것을 의미한다. 즉, 글에서 다루고 있는 문제와 별다른 연관성이 없고, 결론을 이끌어내는데 관련되지 않은 정보나 전제들이 글에서 제시되는 경우 좋은 평가를 받을 수 없다.

(5) 중요성

우리가 어떤 쟁점과 관련된 사고를 할 때, 모든 정보나 전제, 개념들이 똑같은 정도의 중요성을 가지는 것은 아니다. 따라서 우리는 중요함이라는 기준으로 정보나 전제들을 평가해볼 수 있다(정상봉 외, 2014: 70).

(6) 논리성

논리적이라는 것은 결합된 사고들 간의 상호지지, 그리고 이와 같은 결합을 통해서 유의미성이 확보된다는 것으로 해석할 수 있다. 따라서 논리성의 측면을 살펴보기 위해서는 전제와 결론 사이의 논리성, 그리고 전제들끼리 얼마나 논리적으로 연결되어 있는지를 확인해야 한다.

(7) 다각성(폭넓음)

하나의 문제에 대해서 지나치게 협소한 관점으로 접근하는 것은 바람직하지 않다. 우리는 다양한 관점에서 문제를 고찰하면서 대안을 고려해 볼 필요가 있고, 이는 다른 사람의 말이나 글을 평가할 때, 그리고 우리 스스로의 말이나 글을 평가할 때 공통적으로 생각해볼 지점이다.

(8) 충분함

어떤 전제는 논리적으로는 결론을 뒷받침하고 있지만 충분하지 않을 수 있다. 특정한 쟁점과 관련하여 사고할 때, 이와 관련된 전제나 정보들이 충분하지 않을 때 이런 상황이 발생할 수 있다. 따라서 우리는 결론과 관련된 필수적인 논거들이 다 제시되었는지를 확인해 볼 필요가 있다.

(9) 심층성

말 그대로 어떤 쟁점에 대해 피상적으로 다루지 않고, 그 안에 내재되어 있는 복잡함을 파헤치고 보다 본질적인 차원에서 문제를 다루고 있는지를 확인할 필요가 있다는 의미이다.

비판적인 사고를 하기 위해서 우리는 우리 자신의 사고, 글, 말, 그리고 다른 사람의 말과 글에 대해서 위와 같은 지적 기준을 염두에 둘 필요가 있다.

제4장

애매성과 함의

1
애매성은 어떤 문제를 가져올 수 있는가?

앞서 우리는 논증의 기본구조를 확인하고 어떤 부분이 저자 혹은 화자가 말하고 싶어하는 부분(주장)이며, 이를 뒷받침 하는 문장이 어떤 것인지(근거)에 대해 살펴보았다. 결론과 이유를 파악하는 것은 비판적인 사고를 하는데 있어 필수적인 과정이며, 또한 우리가 어떤 말을 듣거나 글을 읽고 나서 합리적인 결정을 하는데 있어서의 기본적인 과정인 셈이다. 즉 결론과 이유를 확인하고 나면 일단 상대방이 전달하고자 하는 메시지가 어떤 것인지에 대해서는 대략 파악이 가능하다고 할 수 있다.

그러나 이와 같은 메시지가 과연 제대로 전달되고 있는가? 다시 말해 다른 사람이 하는 이야기에 대해 우리가 반응을 할 때, 반대로 우리가 어떤 말을 하면서 타인을 설득하고자 할 때 선결해야 할 조건이 무엇인지를 생각해 볼 필요가 있다. 일상생활에서도 마찬가지이겠지만, 특히나 토론을 하거나 학술적인 논의를 하고자 할 때 선결되어야 할 조건은 핵심단어(words)나 어구(phrases)가 가진 의미에 대해 의견의 일치를 보는 것이다. 토론을 하는 경우 정의(definition)를 내리는 것이 왜 중요한지에 대해서는 다음과 같은 이야기를 통해 확인할 수 있다.

갑: 어제 신문에서 A의 비리를 완벽하게 파헤쳤어. 따라서 A는 범죄자야.

을: 아니야, A는 범죄자가 아니야. 아직 수사가 끝난 것이 아니니 재판 결과를 기다려봐야지.

위의 갑과 을의 대화를 통해서 우리가 확인할 수 있는 것은 무엇인가? 이 대화를 표면적으로만 살펴보면 마치 갑은 A를 공격하고 있고, 반대고 을은 A를 감싸고 있는 것처럼 보일 수 있다. 이러한 견해의 차이는 두 사람이 처한 상황이나 정치적인 성향의 차이가 만들어낸 것일 수 있다. 하지만 다른 가능성에 대해서도 생각해 보자. 즉 두 사람이 한 단어를 다른 의미로 해석하고 있을 가능성이다. 두 사람 모두 '범죄자'라는 동일한 표현을 사용하고 있지만 사실 갑과 을이 생각하는 이 표현은 서로 다른 의미로 사용되고 있다. 갑이 사용한 '범죄자'라는 단어는 우리가 일상적으로 사용하는 법을 어긴 사람 정도의 의미로 사용되고 있다. 반면 을이 생각하는 범죄자는 '실정법 상 유죄처벌을 받은' 사람이라는 의미로 좀 더 법률적인 의미로 사용하고 있다는 것을 확인할 수 있다. 이처럼 공통의 단어를 서로 다른 의미로 사용하게 될 경우, 그리고 그 단어가 대화의 핵심인 경우에 그 대화가 제대로 진행되기는 쉽지 않을 것이다.

많은 사람들은 동일한 단어에 대해서 서로 조금씩은 다른 해석을 가질 수 있다. 이는 언어 자체의 복잡성에서 기인하기도 하며 인간의 인식방법에서 기인하기도 한다. 사람들은 저마다 자신이 가지고 있는 관점(perspectives)을 바탕으로 세상 돌아가는 것을 해석해내곤 한다. 그럼에도 불구하고 우리가 일상생활을 자연스럽게 할 수 있는 것은 소위 말하는 '당연시 여겨지는' 것들을 일정수준 이상은 공유하고 있기 때문일 것이다. 예를 들어 우리가 "요새 어떻게 지내니?"라는 질문에 대해서는 거의 대부분의 사람들이 이에 대해 적절한 반응을 보이게 마련이다. 만일 정확하게 이 질문이 어떤 것을 의미하는지에 대해서 꼬치꼬치 캐묻는다면, 이런 상황에 봉착한 상대방은 당황하게 될 가능성이 크다.

하지만 갑과 을의 대화에서 본 것처럼 일상생활 중에도 서로 다른 의미사용으로 인해 혼선을 야기하는 경우가 있을 수 있고, 토론이나 학술적인 이야기를 하게 되는 경우라면 이러한 혼선은 더욱 더 가중될 수 있다. 예를 들어 "인터넷 커뮤니티의 일부 내용들은 규제가 될 필요가 있다."라고 하는 문장에 대해 생각해 보자. 우리는 이 문장에 대해서 어떤 반응을 보일 수 있을까?

사실상 이와 같은 사회적 이슈에 대해서 대부분의 사람들은 구체적인 논의가 진행되지 않은 상태에서도 대부분은 yes or no의 의견을 가지고 있다. 왜냐하면 이런 문제의 경우는 이미 많은 사람들이 사전에 다양한 정보를 접했을 가능성이 크기 때문이다. 하지만 우리가 위 문장에 대해 찬반을 이야기하기 전에 잠시 의견개진을 멈추고 생각해보자. 위의 짧은 문장에는 '일부 내용', '규제'라고 하는 단어들이 포함되어 있다.

이 문장에서 중요한 두 단어에 대해 더 많이 알기 전에 우리는 사실 이 문장에 대해 어떻게 생각해야 할지 판단하기 매우 어렵다는 점에 대해 주목해야 한다. 위 문장이 말하는 일부 내용이란 어떤 것인가? 우리는 어떤 구체적인 기준을 가지고 일부 내용을 정해야 하는가? 또한 일부 내용이라는 단어가 가진 의미를 정하고 나면 저기서 말하는 규제는 과연 행정적인 것인가, 사법적인 차원인가, 둘 다 아니라면 인터넷 사용자들이나 웹사이트 운영자들의 자체적인 규율인가? 등에 대해서도 생각할 필요가 있다.

이 예는 우리에게 중요한 점을 보여주고 있다. 어떤 주장이나 의견에 동조하거나 혹은 반대하기에 앞서 우리는 그 주장이나 의견에서 사용되고 있는 단어나 어구의 명확한 뜻을 이해할 수 있어야만 이에 대해 명확한 판단을 내릴 수 있다는 점이다.

2
애매성의 예

위에서 다룬 '동일한 단어가 다르게 받아들여질 수 있는' 경우들에 대해 좀 더 생각해보자. 우리가 일상적으로 사용하고 있지만 사실 사용자의 입장에 따라서 혹은 원래 다양한 방식으로 해석될 여지가 많은 단어들의 예는 우리가 손쉽게 생각해볼 수 있다. 규제, 사회에 나쁜 영향, 인권, 불평등, 빈곤과 같은 단어의 다양한 의미를 생각해 보자. 이 단어들은 상황에 따라, 그리고 단어를 사용하는 사람들의 성향이나 목적에 따라서 상당히 다른 의미로 해석될 여지가 다분하다.

예를 들어 우리가 "한국 사회에서 복지제도의 확충이 시급하다. 그 이유는 현재 한국에서 빈곤과 불평등에 시달리는 사람이 많기 때문이다."라고 하는 주장을 확인했다고 가정하자. 이런 종류의 논쟁은 우리가 심야에 하는 TV 프로그램을 통해서 흔히 접할 수 있는 주장이다. 이 논증에 대한 평가를 내리기에 앞서 '빈곤'이라는 단어는 다양한 의미로 해석될 수 있다는 점에 주의를 기울여야 한다. 약 10년 전 자유한국당 부천소사 당협위원장(전 한나라당 의원)이었던 차명진의 경우 최저생계비로 한 달 나기 릴레이 체험에 나서 최저생계비 한도 내에서 식사를 해결한 후 "이 정도면 황제의 식사가 부럽지 않다."고 평가하여 많은 비난과 논란을 불러 일으켰다. 여기서 중요한 것은 차명진 의원의 행동이나 최저 생계비에 대한 평가가 잘못되었다고 지적하는 것이 아니다. 많은 사람들이 생각하고 있는 빈곤에 대한 정의와 차명진 의원이 생각하고 있는 빈곤이 상당한 차이를 보이는 것 같다는 점이 이 이야기의 핵심이다. 불평등이라고 하는 단어도 마찬가지이다. 불평등이라는 단어는 경제적인 부분, 사회적인 부분, 기회 또는 결과의 불평등 등 다양한 영역을 포함하고 있다. 복지라는 단어 역시도 말하는 이와 듣는 이의 입장 차이에 따라서 다른 방향으로 사용되고 해석될 여지가 존재한다.

따라서 우리는 어떤 주장을 접하게 될 때 항상 애매성(ambiguity)을 찾도록 노력해야 한다. 그렇지 않으면 우리는 검토하는 논증의 질적인 수준에 대해서 판단하기 어려울 뿐 아니라, 화자나 필자가 의도한 것과는 완전히 다른 방향의 이야기로 받아들일 수도 있다. 여기서 말하는 애매성이란 너무나 막연하여 이해하기 어렵거나 여러 가지 뜻으로 해석되는 경우를 의미한다(김영정 · 정상준, 2005)

우리는 모든 애매한 표현을 피할 수 없고, 또 일상생활의 수준에서는 이것이 큰 문제가 아닐 수도 있다. 그러나 논증에서 애매성은 피하는 것이 바람직하다. 즉 가능한 수준 내에서 단어, 어구, 개념 등이 여러 가지 뜻으로 해석되지 않고 동일한 의미로 일관되게 사용될 수 있어야 한다(류의근, 2016). 우리는 우리가 사용하고 있는 단어나 어구의 의미를 상식이라는 자원으로부터 찾아낸다. 상식은 공동체를 구성하고 있는 사람들이 사회문화적인 배경의 유사성을 바탕으로 보통 알고 있거나 알아야 하는 지식이라고 할 수 있다. 즉 상식은 사회의 구성원들 간의 합의에 의해 정해지고, 대다수의 사람들은 사회화 과정을 통해서 상식에 대한 감각을 습득하기 마련이다.

하지만 상식이 애매한 표현의 문제를 모두 해결해주기란 불가능하다. 앞서 언급한 빈곤이나 불평등과 같은 단어의 경우가 대표적인 예가 될 수 있을 듯 하다. 따라서 보다 원활한 의사소통을 위해서 우리는 다른 사람들의 말이나 글을 접할 때 명확하지 않은 부분이 있는지에 대해서 항상 주의를 기울여야 한다. 반대로 우리가 말을 하거나 글을 쓸 경우 역시 이 부분에 대해 조심성을 가질 필요가 있다. 우리는 매우 자주 자신이 사용하고 있는 단어의 의미가 다른 사람들의 그것과 일치한다고 착각하고 있다.

이제 우리는 단어나 어구가 가지는 애매성에 대해 주의를 기울여야 한다는 사실에 대해 충분히 숙지하였다. 다음 단계는 이와 같은 애매성을 찾아내고, 그러한 애매성을 해결하는 방법에 대해서 생각해보는 것이다.

1) 애매성 확인하기

가장 기본적인 질문은 "내가 그 의미를 이해하는가?"라고 질문을 던져보는 것이다. 앞서 살펴본 빈곤, 불평등, 복지 등의 단어를 다시 떠올려보자. 일견 이해하기 쉬운 일상적인 용어로 들리기 쉬우나 이 단어들은 단일하고 분명한 정의를 가지는 용어라고 할 수는 없다. 왜냐하면 위 단어들은 하나의 의미로 해석되기에는 지나치게 범위가 넓고 추상적인 표현이기 때문이다.

한 가지 용어를 두 가지 이상의 대안적인 의미로 해석할 수 있다면, 그리고 그 의미가 각각 논증의 맥락에서 말이 된다면 우리는 중대한 애매성을 찾아낸 것이다. 또한 어떤 의미로 해석이 되는가에 따라서 이유가 결론을 뒷받침하는 정도가 달라질 수 있다(브라운 · 킬리, 2019).

빈곤이라는 단어로 다시 돌아가보자. 상식적인 선에서 빈곤의 의미는 생활하는 데 있어야 할 자원이 없거나 부족한 상태를 말한다. 그리고 그런 상태에 있는 사람을 빈민이라고 할 수 있다. 차명진 전 의원의 경우 최소한의 생활비를 가지고도 안빈낙도한 생활이 가능하다고 주장하였다. 이 때 '빈곤'은 절대적인 수준에서의 빈곤이라는 의미로 사용되었다. '절대적 빈곤'이란 영국의 라운트리(B.S Rowntree)가 20세기 초반에 언급한 "효율적인 육체적 활동에 필요한 최소한의 식료품도 소비하지 못하는 상태"를 의미한다. 우리나라는 인간이 생활하는데 필요한 모든 필수품과 그 각각의 최저수준을 정한 후, 그것을 가격으로 환산한 값의 총합을 절대적 빈곤선으로 설정하는 방식을 사용하고 있다. 반면 "개인이나 가정, 집단이 먹을 것이 없거나 그 사회의 최소한의 삶의 여건이나 시설도 누리지 못할 경우 그들은 가난하게 산다고 말한다."라는 타운젠트(Peter Townsend)의 정의도 존재한다(Townsend, 1979: 31). 이 정의는 라운트리의 정의와 비슷하게 들리지만 특정 사회의 평균적인 수준과 비교한다는 개념이 들어가 있기 때문에 상대적인 격차 문제에 주목하고 있는 개념이다. 따라서 타운젠트의 정의는 '상대적 빈곤'을 가리키는 용어이다.

이와 함께 최근 주목받고 있는 개념은 주관적 빈곤이다. 이 개념은 객관적인 빈곤선과는 달리 빈곤인식의 주관적인 측면에 보다 초점을 맞추고 있다. 최근 실시되고 있는 많은 설문조사들은 '본인은 어떤 계층에 속한다고 생각하십니까?'와 같은 질문을 포함하고 있고 이 경우 실제 소득이나 자산의 수준과 자신이 속한 계층에 대한 인식이 불일치하는 경우가 다수 존재한다. 이처럼 빈곤이라는 단어 하나가 최소한 세 가지의 다른 의미로 해석될 수 있는 것이다.

빈곤이라는 단어에 어떤 해석을 부여하느냐의 문제는 결국 논증의 결론에 영향을 미치게 된다. 차명진 전의원의 경우 "최저생계비를 올리는 것만으로는 해결이 안 되며, 국가재정에 한계가 있다."는 이야기를 한 바 있다. 이러한 결론에 도달하게 되는 것은 빈곤을 절대적인 개념으로 해석하고 있기 때문이다. 만일 빈곤을 상대적인 빈곤으로 해석하게 된다면 다른 결론에 도달할 수 있다.

이처럼 단어나 어구가 그 문장 내에서 사용되고 있는 의미에 대해 분명하게 정의가 되지 않은 상태에서는 어떠한 정의를 적용하느냐에 따라서 결론에 대한 평가가 달라질 수 있다. 따라서 애매성을 최소화하지 않은 상태라면 어떤 논증에 대한 평가를 내리는 것은 불가능하다고 할 수 있다.

2) 해결책

애매성은 서로 같은 단어와 어휘를 사용한 토론이나 대화의 길을 잃게 만드는 요인 중 하나이다. 따라서 우리는 설득을 하는 경우와 추론을 받아들이는 경우 이와 같은 불일치를 제거해야만 한다(브라운 · 킬리, 2019).

애매성을 확인하고 문제를 해결하기 위해서는 단어의 여러 의미 중 상황에 맞는 의미를 선택해야 한다. 즉 애매성을 해결하기 위해서 우리는 ① 통상적인 어휘 사용법에 의지하기, ② 전문가의 정의나 설명에 의존하기, ③ 의미를 규정하기를 사용할 수 있다.

하지만 사전의 경우는 이와 같은 애매성을 해결하는데 도움을 줄 수 있지만 충분한 해결책이 될 수 없는 경우가 많다. 왜냐하면 사전은 모국어 사용자들이 단어를 통상적으로, 일반적으로, 표준적으로 어떻게 쓰는지를 말해주기 때문에(피셔, 2018: 93), 이와 같은 상황을 넘어서는 경우에는 큰 도움이 될 수 없는 경우도 많다. 또한 사전은 많은 경우 여전히 추상적인 의미로 단어를 설명하는 경우가 많이 있다. 예를 들어 '교육의 질이 저하되고 있다.'라는 문장에서 정확히 '질'이 무엇을 의미하는지를 알기 위해 사전을 찾는다면 우리는 "사물의 가치나 속성, 등급 따위의 총체"라는 뜻과 마주치게 될 것이다. 이러한 사전적인 정의에 기대서는 명확히 위 문장이 의미하는 바를 알기는 힘들다. 따라서 이 어구가 정의될 수 있는 다른 방법을 생각해 볼 필요가 있다.

②의 경우에 대해서는 상대적 빈곤의 의미를 통해서 다시 생각해 볼 수 있다. 앞에서 우리는 '빈곤'이라는 단어가 가질 수 있는 다양한 의미들, 그리고 그것이 야기할 수 있는 혼란에 대해서 간단히 살펴보았다. 이와 같은 문제점을 해결하기 위해서는 특정한 용어가 그 분야에서 어떤 방식으로 사용되고 있는지를 살펴볼 필요가 있다. 상대적 빈곤의 경우 세계은행에서 제시하는 상대적 빈곤선은 개발도상국의 경우 평균 가구소득의 3분의 1, 선진국은 2분의 1을 적용하고 있고, OECD는 중위소득의 50%를 기준으로 하고 있다. 이 기준으로 볼 때 한국의 상대적 빈곤율은 OECD 회원국 35개 국가 중 미국, 이스라엘 다음으로 나타나고 있다. 따라서 우리가 빈곤이라는 단어를 사용하는 경우는 혼란을 피하기 위해서 기존에 제시되어 있는 의미로 사용하고 있다는 것을 밝혀줄 필요가 있다. '빈곤'과 같은 용어 이외에도 전문용어의 의미를 파악하기 위해서는 해당 분야의 교재나 참고서를 찾아보거나 한 분야에서 가장 널리 쓰이고 있는 용어의 용법을 미리 확인해야 한다.

③의 경우에 있어서는 앞에서 살펴본 교육의 '질' 이야기로 다시 돌아가보자. 이 맥락에서 교육의 질은 학생들의 시험점수, 교원 1인당

학생 수, 시험을 통과하기 위해 일반적으로 필요한 공부의 양, 문해력 향상정도, 상급학교 진학률 등 다양한 방식으로 측정될 수 있을 것이다. 저자나 화자는 자신의 주장을 펴기에 앞서 이와 같은 단어들을 어떤 방식으로 사용하고 있는지에 대해 명확히 '규정'하고 난 이후에 논의를 전개해나가야 한다. 마찬가지로 이러한 단어나 어구가 포함된 논증을 평가하는 경우는 우선 특정 어휘나 어구가 잘 정의되어 있는지를 확인해야 한다.

피셔(2018)의 경우는 "표현의 의미를 제대로 파악하려면 그 용어의 변천사를 살펴보는 것이 도움이 된다."고 언급하고 있다. '민주주의'나 '처벌', '권력'과 같은 단어가 그런 것들이다. 피셔의 이와 같은 언급은 자칫 추상적으로 들릴 수 있지만, 이 말을 곰곰이 살펴보면 우리가 도달할 수 있는 결론은 하나이다. 용어의 변천사에 대한 정보를 얻어 애매성을 제거하기 위해서는 특정분야에 대한 전반적인 이해가 필수적이라는 사실이다(이 지점은 출처의 신뢰성과도 연관이 있다고 할 수 있다.).

용어의 정의가 얼마나 중요한가에 대해 좀 더 생각해보기 위해서 1980년대 초반 영국에서 벌어진 인간태아를 둘러싼 논쟁을 확인해보자. 1978년에 최초의 시험관 아기가 탄생된 후에 영국에서는 시험관 수정(in vitro fertilization, IVF)이 가지는 사회적, 도덕적, 법적 그리고 윤리적 함의를 밝히기 위해서 1982년에 워녹(Mary Warnock)을 위원장으로 하는 연구위원회를 만들고 그 결과를 국회에 보고하도록 했다. 워녹 위원회에서는 이에 대응하기 위해 64가지의 법적 규제를 제시하였지만 유독 한가지의 문제에 대하여서는 확실하고도 모든 사람이 동의할 만한 해답을 제시하지 못하였다. 즉, 인간배아(human embryo)를 실험에 사용할 수 있는가에 관한 것이 그것이었다. 이는 인간배아라는 용어의 정의를 둘러싸고 많은 윤리적, 도덕적, 사회적 문제들이 얽혀있기 때문이었다. 이 논쟁을 통해서 우리가 확인할 수 있는 것은 우선 정의(definition)가 의견을 확정하는데 있어 얼마나 중요한가 하는 점이다. 또한 여러분은 이 내용을 확인해 본 후, 이 문제에 대해 자신의 견해를 정리해보도록 하자.

3
함의(implication)

앞서 우리는 인간배아를 둘러싼 윤리적, 사회적 논쟁에 대해서 살펴보았다. 이 책의 독자들은 각자 이 문제에 대해서 본인들의 생각을 정리해 볼 기회를 가져보았을 것이다. 여기서 우리가 확인해야 할 중요한 지점은 전문용어의 어휘를 어떤 방식으로 정의하느냐에 따라서 다른 결론에 도달할 수 있다는 점, 그리고 특정 어휘가 지칭하는 의미는 시대나 상황, 사회적인 환경에 따라 변할 수 있다는 점이다.

정의와 함께 우리가 살펴보아야 하는 문제는 가정(assumption)에 관한 문제이다. 예를 수정한 지 14일이 되지 않는 인간 배아를 세포덩어리로 보는 입장에서는 이를 생물학적인 실험의 대상으로 삼는다고 하더라도 별다른 윤리적 문제를 제기할 여지가 없다. 따라서 이와 같은 입장에 서서 자신의 결론을 주장하고자 하는 사람(인간 배아 실험에 대한 찬성)의 경우는 일정 기간이 지나지 않는 수정체의 경우는 아직 독자적인 인간으로 간주될 필요가 없다는 것을 논의의 바탕에 깔고 있는 것이다. 아래의 짧은 논증을 통해서 유사한 점을 확인해 보도록 하자.

> "상대적 빈곤에 대한 문제를 해결하기 위해서 정부가 보다 적극적인 개입을 시도할 필요가 있다(결론). 분명 상대적 빈곤의 문제를 그대로 방치한다면 여러 가지 사회문제의 발생을 예상할 수 있다(이유 1). 또한 상대적 빈곤 해결을 개인의 노력이나 노동 시장의 자정적 기능의 발동으로 해결한다는 생각 역시도 지나치게 순진하다(이유 2)."

이 글을 언뜻 보면 이유 1과 이유 2가 결론에 해당하는 내용을 지지한다. 상대적 빈곤에 대한 문제를 해결하기 위해서는 정부의 적극적인 개입이 필요하다는 것이다. 하지만 주어진 이유들이 참일 수도 있지만 이러한 이유들이 반드시 결론이 참이라는 것을 이야기하는 것은 아니다. 만약 대부분의 사람들이 상대적 빈곤이라는 문제는 정부가 나서서 해결해야 할 사회문제가 아니라 개인들의 노력을 통해서 해결해야 하는 문제라고 믿는다면 어떨 것인가? 이러한 관점에서 본다면 위 논증은 그다지 설득력이 없는 것처럼 여겨질 수도 있다.

실제로 1980년대 미국에서 출판된 찰스 머레이(C. Murray)의 *Losing Ground*라는 책에 소개된 주장에 따르자면 미국의 빈곤은 우리의 상식과는 달리, 1950년대부터 시작된 여러 가지 사회정책에 의해 더 심화되었다고 한다. 반대편에 선 사람들의 입장에서 볼 때는 이 책에서 주장하는 바는 터무니없이 들리겠지만, 이 책이 미국 사회에서는 20세기에 가장 많은 논쟁을 불러일으킨 사회과학 서적으로 평가받고 있는 것은 사실이고 이후에도 찰스 머레이의 주장은 많은 관련논쟁의 출발점이 되었다.

여기서 우리가 확인할 수 있는 사실은 모든 논쟁에는 저자가 당연하다고 설정하는 생각이 숨어있기 마련이라는 점이다. 많은 경우 우리에 대한 조언, 새로운 정책에 대한 호불호와 이를 둘러싼 설전은 잘 드러나지 않는 어떤 믿음에 토대를 두고 있다고 할 수 있다. 모든 사고는 어디에선가부터 시작될 수 밖에 없고 어떤 출발점을 설정할 수 밖에 없다. 이것을 학자들은 가정이나 전제(presuppositions)라고 부른다(김영정 · 정상준, 2005: 219). 또한 이러한 가정이나 전제는 많은 경우 숨겨져 있거나 명시적으로 진술되어 있지 않다(브라운 · 킬리, 2019). 또한 어떠한 이슈에 대해 결론이 달라지는 경우 그 이유가 가치 갈등에서 비롯되는 경우가 많다. 가치가정이란 "경쟁적인 가치들 중 특정한 가치가 상대적으로 더 바람직하다고 당연하게 믿는 것"(브라운 · 킬리, 2019: 134)을 의미하는데, 모든 사람들은 사회적인 논쟁에 있어(예: 낙태 찬반, 사형제 존치, 출판이나 표현의 자유에 대한 규제 등) 한 가지 입장을 다른 한 가지보다 선호하기 마련이다. 특히 가치는 이와 같이 공공의 이슈와 관련되거나 윤리적인 문제와 얽혀있는 논증의 경우에 있어서 이유 및 결론에 영향을 미치게 된다.

질문: 그렇다면 위에서 소개한 머레이의 주장의 출발점이 되며 동시에 잘 드러나고 있지 않는 가정은 무엇인가?

이유: 미국에서 정부의 주도하에 적용된 사회정책이 그 원래의 의도와는 달리 가난을 증가시키는 원인으로 작동하였다.

가치가정: (   )

결론: 가난이라는 문제 해결을 위한 국가의 개입은 옳지 않다.

앞서 소개한 가상의 논증과 찰스 머레이의 주장을 비교해보도록 하자. '빈곤의 해결'이라는 사회적인 문제를 놓고 이 두 논증은 완전히 다른 방안을 제시하고 있다. 그렇다면 이 둘 사이의 가치의 차이는 어떤 것인가? 이 둘을 확인해보면 특정한 논쟁(여기서는 빈곤해결)과 관련하여 결론을 형성하는데 중요한 것으로 여겨지는 가치갈등이 있음을 알 수 있다. 전자의 경우는(빈곤해결은) 집단적 책임, 그리고 그 원인이 사회에 있다는 것을 기본적인 전제로 깔고 있다.

이와 반대로 찰스 머레이의 경우는 미국의 사회적 급여는 사람들로 하여금 무책임한 행위를 조장함으로써 혼외임신, 한부모 가정 양산, 그리고 복지제도에 대한 의존증을 심화시켜서 오히려 미국 빈곤층의 숫자를 확대시키는 결과를 가져왔다고 주장한다. 여기에 숨겨져 있는 가치는 바로 개인노력의 중요성이다. 즉 머레이를 비롯한 미국의 보수주의자들은, 미국의 부양아동가정지원제도(AFDC)와 식권정책 등이 빈민층의 노동의욕을 감소시키고 빈곤문제를 더 심화시킨다고 주장하면서 그 이면에 개인노력의 중요성이라는 가치를 숨겨두고 있는 것이다.

이후 머레이는 헌스타인(Hernstein and Murray, 1994)에 "벨 커브: 미국사회의 지능과 계급구조"라는 책을 통해서 미국사회에 엄청난 논쟁을 불러 일으키게 된다. 벨 커브는 정상분포를 나타내는 종형 곡선을 의미한다. 위 두 저자는 미국사회의 빈부 양극화를 거론하면서 그 이유를 주로 IQ의 차이에서 찾고 있다. 즉, 지능이 인간의 사회경제적 성공에 가장 중요한 영향을 미친다는 주장이다. 이들에 따르면 평판이 좋은 고소득 직종에 종사하는 사람들은 IQ가 높은 인지적 엘리트이며 반대로 낮은 지적능력을 가진 사람들은 이에 맞게 낮은 수입의 직종에 종사하게 된다는 것이다. 문제는(이들의 주장에 따르면) 미국인 중 인종별 평균 IQ가 인종에 따라 다르다고 주장한 부분이다. 또한 지능이 낮은 사람들이 아이를 더 많이 낳기 때문에 사회 전체가 열성화되는 것을 막기 위해서 그들이 아이를 낳도록 만드는 기존 복지정책의 철폐를 주장했다.

머레이의 두 가지 유명했던 연구들의 이면을 살펴보면 우리는 어떤 이야기를 할 수 있을까? 그의 주장에 숨겨져 있는 가치는 어떤 것일까? 결국 머레이의 IQ에 대한 논쟁, 그리고 빈곤의 원인에 대한 주장을 따라가다 보면 우리는 가난에 대한 개인의 책임이라는 숨겨진 가치와 만나게 된다. 이와 같은 사례를 살펴본다면 우리는 논증에서 눈에 띄지 않는 함의가 논증의 결론에 영향을 준다는 사실을 확인할 수 있을 것이다.

제5장

잘못된 논증: 오류

논리학에서 오류란 바르지 못한 논리적 과정 및 결과로 발생하는 추리나 판단을 의미한다. 그래서 오류란 올바르지 못한 논리적 과정을 발생시킨다. 즉 전제가 받아들일 만하지 않거나, 전제가 결론과 관련이 없거나, 전제가 충분히 결론을 뒷받침해 주지 못하는 논증을 말한다. 대부분의 오류는 잘못된 사고과정에 기인한다. 그러한 오류로 말미암아 합리적인 대화와 토론에 문제가 발생한다. 더글러스 월턴은 "오류는 대화의 목표를 방해하거나 대화의 실현을 방해하기 위해 사용되는 논증으로써 심각하고 의도적인 복잡한 전략이다."(더글라스 월턴, 『무지에 기인한 논증』, 1996, 270-271)라고 말했다. 오류라는 것은 논리적 단순한 규칙의 사용법의 위반뿐만 아니라 의도적인 전략적 차원에서 발생한다.

오류에 대해 학습은, 현재 우리가 사용하는 말과 글에 있는 오류를 발견하고 바로잡을 수 있으므로 비판적이고 합리적인 사고를 기르는 데 효과적이다. 그러나 이러한 오류를 파악하는 것은 간단하지 않다. 오류는 겉보기에 그럴듯해 보이기 때문이다. 그래서 실제로는 좋은 논증이 못되지만 올바른 것처럼 보이기 때문에 설득력 있어 보인다. 그래서 우리는 이러한 오류 논증의 결론을 쉽게 받아들이기 쉽다. 오류의 이러한 성질 때문에, 우리는 부지불식간에 오류에 빠진다. 그래서 우선 오류를 유형별로 구분하고 각각의 이름을 붙여 익혀두면 잘못된 논변을 피할 수 있을 것이다.

오류는 크게 형식적 오류와 비형식적 오류로 나뉜다. 형식적인 오류는 논증의 형식에 잘못이 있는 것을 말한다. 그것은 연역논증에만 적용되는 오류이다. 그런데 어떤 논증의 잘못이 형식적인 것이 아니라 형식 외적인 특징에 의한 것이라면, 그 논증은 비형식적 오류를 범하고 있다. 일상적으로 형식적 오류보다는 형식을 벗어나서 전제와 결론과의 관계의 내용에서 발생하는 오류들이 많다. 특징에 따라 언어적인 것, 유관성의 오류에 관련된 것, 자료적인 문제가 있다. 이 장에서는 논리적 오류의 유형을 익힘으로써 오류를 쉽게 파악하고, 가려낼 수 있는 훈련을 할 예정이다. 그러한 과정을 통해 보다 정확하고 타당한 논증에 대해 알 수 있게 될 것이다.

1
형식적 오류

1) 타당한 형식의 오류

형식적 오류는 논증이 구성된 그 형식 자체에 이미 오류가 내포되어 있는 경우이다. 형식적 오류는 논증의 형식이나 구조의 규칙을 지키지 않았을 때 발생한다. 그래서 논증의 내용이 아무리 정당하고 건전하더라고 오류로 분류될 수밖에 없다. 형식적 오류에는 '타당한 논증 형식'과 '부당한 논증 형식'이 있다.

(1) 선결문제 요구의 오류

논증은 근거와 주장으로 이루어져야 하는데, '선결문제 요구의 오류'는 논거가 생략된 형태이다. 만약 어떤 논증이 그것이 증명하는 것으로 상정되어 있는 것을 이미 당연한 것으로 받아들임으로써 아무것도 증명하지 못한다면 그 논증은 '선결문제 요구의 오류'에 빠지게 된다. 문제의 과제를 해결하지 않고 비슷한 말로 되풀이해서 주장하는 오류이며 '순환논증의 오류'라고도 말한다. 즉, "A는 B이다. 왜냐하면 B는 A이기 때문이다." 라는 형식을 가진다. 누가 "비판적 사고와 토론 수업은 유익하다. 왜냐하면 비판적 사고와 토론 수업은 유익한 내용이기 때문이다."라고 말한다면, 이러한 논증에 의거해서는 어떤 주장도 입증할 수 없다. 대부분은 이러한 오류를 펴는 사람은 그 결론이 진정 옳기 때문에 옳음을 가정하는 것이다. 하지만 옳다는 것은 단순히 자신이 믿고 있는 신념이 옳다는 것만으로 입증될 수 없다.

또한 이러한 오류는 논증의 결론 자체를 전제의 일부로 사용한다. 따라서 그것은 증명을 제시하는 것이 아니라 결론을 다른 방식으로 반복해서 주장하고 있을 뿐이다. 다음을 예를 보자.

> 하느님은 존재한다. 성경에 그렇게 적혀 있다. 그것은 사실이다. 왜냐하면 성경은 하느님의 말씀이니까.

이 논증에서 전제는 새로운 것이 아니다. 결론이 입증될 수 있기 위해서는 전제가 타당해야 한다. 이 논증은 전제로부터 결론을 도출하는 것인 아니라, 오히려 결론이 전제를 지지하고 다시 전제가 결론을 지지하고 있어서 전제와 결론이 순환적으로 지지하는 관계에 있다. 우리는 입증되지 않는 결론을 수용할 수는 없다.

다음의 예를 통해서 이러한 오류를 확인할 수 있다.

> 배운 사람은 그렇게 상스러운 말을 쓰지 않는다. 왜냐하면 천한 말을 사용하는 사람은 제대로 교육을 받았다고 말할 수 없기 때문이다.
>
> 질서란 정의와 떨어질 수 없다. 왜냐하면 정의는 모름지기 사회적, 법적 질서를 통해서만 실현될 수 있기 때문이다.

(2) 자가 당착(自家撞着)의 오류

전제가 결론과 모순되는 내용을 담고 있을 때, 자가당착의 오류가 된다. 즉 논지를 전개하다 보니 자신 스스로 모순에 빠지게 되는 것이다. 실생활에서 흔하게 찾아 볼 수 있는 오류 중의 하나이다. 다음의 예를 보자.

(한 축구선수가) "오늘은 절정의 컨디션입니다. 단, 왼쪽 무릎이 조금 아프긴 하네요. 하지만 이 한 몸 다 바쳐 뛰어 꼭 승리하도록 하겠습니다."

이 논증에서 "절정의 컨디션"이라는 말에는 무릎을 포함한 모든 신체 상태가 완벽하다는 의미인데, 자신이 대전제를 스스로 "무릎은 조금 아프다."라는 말로 부정하고 있는 셈이다. 즉, 전제와 결론은 서로 모순되는 내용을 담고 있는 자가당착의 오류를 범하고 있는 것이다.

다음의 예를 통해서 이러한 오류를 확인할 수 있다.

어느 날 초나라 장사꾼이 저잣거리에 방패와 창을 늘어놓고 팔고 있었다. "자, 여기 이 방패를 보십시오. 이 방패는 어찌나 견고한지 제아무리 날카로운 창이라도 막아낼 수 있습니다." 이렇게 말하고 다음에는 창을 집어 들고 외쳤다. "자, 이 창을 보십시오. 이 창은 어찌나 날카로운지 꿰뚫지 못하는 것이 없습니다." 그 때, 구경꾼들 속에서 이런 질문이 날아왔다. "그럼, 그 창으로 그 방패를 찌르면 어떻게 되는 거요?" 그러자, 장사꾼은 아무 대답도 못하고 서둘러 그 자리를 떠났다.

■ 연습문제

1. 다음 보기의 "선결문제 요구의 오류"에 대한 설명을 읽고 이러한 종류의 오류를 범한 것이 아닌 것을 찾으시오?

> 〈보기〉
>
> 증명해야 할 논점 그 자체를 증명함이 없이 참이라고 가정하고 논하는 것이 바로 선결문제 요구의 오류이다. 대체로 이런 오류는 논증의 전제들을 구성하는 방식에서 비롯된다. 때로는 가정된 전제들 중의 하나가 결론으로 되어 있다는 사실을 은폐할 수 있을 정도로 그 표현이 애매한 경우도 있다.

① 모든 사람이 손 의원의 말을 믿는다. 왜냐하면 그는 가장 신뢰가 가는 정치가들 중 한 사람이기 때문이다. 우리는 그가 가장 신뢰가 가는 정치가라는 사실을 모든 사람이 그의 말을 믿는다는 것을 보고 알 수 있다.

② 충분한 심미안을 가진 사람들은 셰익스피어보다 허균을 선호한다. 왜냐하면 셰익스피어보다 허균을 선호하는 사람들이 미를 파악하는 눈이 더 정확하기 때문이다.

③ 논리학자가 가장 지성적인 사람이다. 왜냐하면 가장 지성적인 사람만이 논리적인 문제를 해결할 수 있기 때문이다.

④ 신문은 국한문을 혼용해야 한다. 왜냐하면 우리의 언어에는 아직 한자어가 많이 남아 있고, 특히 정치와 경제영역에서 사용하는 용어는 한자어가 더욱 많이 남아 있기 때문이다. 그리고 신문은 배운 사람이든 배우지 않는 사람이든 가능한 한 많은 국민들이 새로운 소식에 접할 수 있도록 신속 정확하게 보도해야 한다.

2. 다음 글이 지닌 논리적 결함과 가장 유사한 결함을 지닌 것은?

(2006년 견습 언어논리 PAST 선책형 36)

> 귀납은 과학에서 개별적인 관찰 사례들로부터 보편적이 법칙을 이끌어내는 데 매우 유용한 추론이다. 그런데 여기서 귀납적으로 도출된 보편적이 법칙이 옳다는 것을 보이려면 귀납추론 자체의 정당성이 입증되어야 한다. 우리는 다음과 같은 방법으로 귀납추론을 정당화할 수 있다. 많은 과학 활동의 사례들에서 귀납의 원리가 매우 성공적으로 작동되는 것이 관찰되었다. 가령 행성의 위치에 대한 관찰로부터 귀납적으로 도출된 행성운동의 법칙은 일식과 월식 등의 현상을 매우 성공적으로 설명 · 예측하였다. 그리고 몇몇 금속의 열팽창에 관한 관찰로부터 귀납추론을 통해 도출된 금속의 열팽창 법칙 역시 다른 금속의 열팽창 현상들을 매우 성공적으로 설명 · 예측한다는 것이 확인되었다. 결국 귀납추론이 대부분의 법칙의 추론과정에 매우 성공적으로 작동하고 있음이 경험을 통해 확인되었다. 따라서 귀납추론은 정당하다.

① 프랑스 팀은 우승할거야. 왜냐하면 실력 있는 선수들이 많이 있거든.

② 성경 말씀은 하느님이 말씀으로서 진리이다. 왜냐하면 성경에 그렇게 쓰여 있기 때문이다.

③ 담배는 암을 유발시키지 않는다. 왜냐하면 담배가 발암물질이라는 결정적 증거가 없기 때문이다.

④ 무릇 인간은 마음이 건강하지 못하면 몸도 건강하지 못하다. 왜냐하면 많은 의사들과 심리학자들이 그렇게 주장하기 때문이다.

2) 부당한 형식의 오류

논리적 형식이 부당하지만, 우리가 흔히 타당한 것으로 착각하는 논증들이 이에 속한다. 간단한 타당성 조사법에 의해 그 부당성이 즉각 밝혀질 수 있는 초보적인 오류이기 때문에, 오류에 대해 조금이라도 아는 사람이 범할 경우, 치명적인 과오가 된다.

(1) 전건 부정의 오류

"내가 철학에서 A를 따지 못하면 철학은 엉터리야."라고 말했던 학생이 철학에서 A를 땄다는 것을 알고 "역시 철학은 엉터리가 아니야."라고 할 경우, 이 학생은 전건부정의 오류를 범하고 있다. 이 오류는 조건문 '만일 p이면, q이다.'의 전건을 부정하여, 후건을 부정한 것을 결론으로 도출해 내는 것으로, 부당한 논증 형식이다.

전건 부정의 오류는 조건문을 쌍조건문으로 착각하는 데서 범해진다. 즉 "내가 철학에서 A를 따지 못하면 철학은 엉터리야."라는 조건문을 "내가 철학에서 A를 딸 경우 그리고 이 경우에만 철학은 엉터리가 아니다."라는 쌍조건문으로 여기는 것이다. 물론 조건문 대신 쌍조건문을 대치하면 논증은 타당하지만(조건문을 참이라 가정하더라도), 대치된 쌍조건문은 거짓일 수 있기 때문에 그러한 대치는 도움이 되지 않는다.

타당한 형식은 후건을 부정하는 다음과 같은 형식을 띤다.

$p \supset q$

$-q$

$\therefore -p$

(2) 후건 긍정의 오류

"만일 비가 오면 땅이 젖는다. 땅이 젖어 있다. 따라서 비가 왔다."라는 논증은 조건문의 후건을 긍정해서 전건을 결론으로 도출하는 오류추리이다. 반드시 비가 와야만 땅이 젖는 것은 아니다. 살수차가 지나가도 땅이 젖는다. 이 오류 역시 조건문을 쌍조건문으로 착각할 경우 범해질 수 있다.

이 오류는 가설 추리를 연역추리로 여길 경우에도 범해질 수 있다. "땅이 젖어 있다. 따라서 비가 왔다."는 가설추리이다. 땅이 젖어 있는 현상을 비가 왔기 때문인 것으로 설명하고 있는 것이다. 이 추리는 물론 오류가 아니다. 이러한 가설추리를 연역추리로 여겨 마치 비가 온 것이 증명된 것처럼 생각할 경우에 오류가 발생하는 것이다.

(3) 선언지 긍정의 오류

"그는 기독고 신자이든지 마르크스주의자일 것이다. 그런데 그는 기독교 신자이다. 따라서 그는 마르크스주의자가 아니다." 이러한 형식의 추리가 타당하지 않다는 것은 다음의 반증려가 잘 보여주고 있다.

> 그를 유혹한 여인은 미인이든지 두뇌가 우수할 것이다.
>
> 그를 유혹한 여인은 미인이다.

그를 유혹한 여인은 미인이면서 동시에 우수한 두뇌를 가지고 있을 수 있기 때문에, 그 여인은 미인이라고 해서 두뇌가 우수하지 않다는 결론이 나오지 않는다.

일반적으로 이러한 형식의 오류는 포괄적 의미의 '또는'과 배타적 의미의 '또는'을 혼동한 결과로 범해진다. "그는 서울에 있든지 서울 밖에 있는지 할 것이다."의 경우, 그가 서울 안과 밖에 동시에 있을 수는 없다. 이러한 배타적 의미의 선언문은, 선언지의 어느 하나를 긍정하면 다른 하나의 부정이 도출된다. 그러나 문제의 선언문이 배타적 선언문이라는 확신이 없는 한 이러한 추리를 하는 것은 오류가 된다.

배타적인 선언지가 아닐 경우 선언 삼단논법의 타당한 형식은 하나의 선언지를 부정하는 다음과 같은 형식을 띤다.

$p \vee q$

$\sim p$

$\therefore q$

2
비형식적 오류

논증의 형식에는 잘못된 점이 없고 논증의 내용이 잘못되어 있는 경우를 말한다. 크게 언어적 오류, 유관성의 오류, 자료적 오류로 나뉜다.

1) 언어적 오류

언어를 사용하는 과정에서 발생하는 오류를 언어적 오류라 부른다. 언어의 애매모호한 사용이 이러한 오류를 유발한다. 주로 언어를 자의적으로 해석하거나, 문맥을 파악하지 못하고 해석할 때 많이 발생한다. 애매어의 오류 · 강조의 오류 · 은밀한 재정의 오류 등이 있다.

(1) 애매어의 오류

논증에서 낱말이나 어구를 두 가지 다른 의미로 사용하면서도 동일한 의미를 지니고 있는 것처럼 사용하여 상대방을 혼란에 빠뜨릴 때 발생하는 오류이다. 이러한 오류는 의미가 여럿이어서 문맥에 따라 그 의미가 달라지는 단어를 잘못 사용하거나 의도적으로 사용하는 경우에 발생한다. 이런 오류에 말려들지 않기 위해서는 낱말, 문장 등이 제대로 사용되었는지, 의미의 혼동은 없는지를 파악해야 한다. 다음을 보자.

> 모든 살인자는 마땅히 사형되어야 한다. 모든 사형집행관은 살인자이다. 그러므로 모든 사형집행관은 마땅히 사형되어야 한다.

이 논증을 자세히 살펴보면, '살인자'라는 말이 두 전제에서 한 번씩 나오는데 각각 다른 의미로 사용되고 있음을 알 수 있다. 앞에서의 '살인자'는 범죄적 살인을 의미하지만, 뒤에서는 법적 판결에 의한 합법적 사형집행을 의미한다. 이처럼 하나의 논증에서 사용되고 있는 동일한 어떤 용어를 각각 다른 의미로 사용하는 사람은 '애매어의 오류'를 범하게 된다.

어떤 문장은 그 문법적 구조 때문에 두 가지 이상의 의미로 해석될 수 있다. 다음의 예를 보자.

> 내 여자 친구는 나보다 돈을 더 좋아한다고 한다. 그렇다면 이제 우리의 사랑도 끝이구나.

이 논증은 애매문의 오류를 범하고 있다. 앞의 예와 달리 개념이 아니라 문장 구조에 의해 발생한다. 이 진술은 두 가지 이상의 의미로 해석될 수 있다. "여자 친구가 돈을 좋아하는 정도가 내가 돈을 좋아하는 정도보다 더 크다."와 "여자 친구가 돈을 좋아하는 정도가 나를 좋아하는 정도보다 더 크다."로 해석될 수 있다. 이때 두 가지 이상의 의미 중 어느 하나를 자의적으로 해석할 때 오류를 범한다.

(2) 분해의 오류

전체에 어떤 속성이 있다고 해서 부분에도 반드시 그러한 속성이 있을 것이라고 간주할 때 발생하는 오류이다. 전체에 관해서만 참인 것을 전체의 부분에 관해서도 참이라고 주장한다거나, 어떤 집합이 갖는 속성을 그 집합에 속하는 개별 구성원에까지 잘못 적용할 때 발생한다. 예컨대 '스위스는 아주 부유한 나라이다.'라는 전제로부터 '스위스인 한 사람 한 사람이 모두 부유하다.'고 추리한다면 분해의 오류에 빠진다. 다음의 예를 보자.

> 김 교수는 아름다운 소리로 유명한 K합창단의 단원이므로, 무척 고운 미성을 가지고 있을 것이다.

이 논증에서 김 교수가 K합창단의 단원이라고 해서 반드시 아름다운 소리를 갖고 있을 것이라는 근거가 되지는 못한다. K합창단 전체가 가지고 있는 속성을 그 전체의 부분인 김 교수가 똑같이 가지고 있을 것이라고 생각하는 것은 오류이다. 다음의 예를 보자.

브라질은 축구 강국으로 유명하니, K대학에 유학 온 브라질 친구도 축구를 잘할 것이다.

브라질이 축구 강국이라고 해서 그 국민인 브라질 친구도 축구를 잘할 것이라는 결론이 도출되지는 않는다.

(3) 합성의 오류

어떤 대상의 부분들이 가지고 있는 속성을 그 대상 자체도 가지고 있다고 생각할 때 발생하는 오류이다. 즉 부분의 성질들을 다 모은다고 해서 전체의 성질이 되는 것은 아니다. 다음의 예를 보자.

김연경씨는 청어를 좋아한다고 말했다. 그리고 토스트도 좋아한다고 한다. 따라서 김연경씨는 청어를 듬뿍 넣은 토스트를 좋아할 것이다.

이 논증에서 김연경씨가 청어를 좋아하고 토스트를 좋아한다는 각각의 부분으로부터 청어를 넣은 토스트를 좋아한다고 추론하는 것은 잘못이다. 청어 자체와 토스트 속의 청어는 맛에서 같을 수는 없다.

다음의 예를 통해서 이러한 오류를 확인할 수 있다.

그 여자는 눈, 코, 입, 어딜 봐도 나무랄 데 없이 예쁘다고 하더라, 그런데도 왜 그녀가 미인이 아니라는 말이냐?

(4) 강조의 오류

강조의 오류는 단어나 문장이 어떻게 강조되고 있는지가 불분명할 때 생긴다. 그리고 논증자가 주어진 말의 특정한 부분을 고의로 지나치게 강조하여 원래의 의도와는 다르게 해석함으로써 부당한 결론에 이르는 경우에 발생하는 오류이다. 예컨대 모세의 율법에 '너희는 이웃에게 거짓증거 하지 말라.'라고 되어 있는 것을 보고, 이웃 아닌 다른 사람에게는 거짓증거해도 좋다고 생각하면 특정한 부분만 보고 전체의 의미를 왜곡해 파악하는 강조의 오류이다. 다음의 예를 보자.

우리 엄마는 내가 친구들과 외박하는 것은 절대로 안 된다고 늘 말했다. 그렇다면 내 애인 정수와 외박하는 것은 반대하지 않을 것이다.

이 논증에서 엄마가 말하고자하는 바는 외박하는 것은 절대 안 된다는 것이다. 그런데 논증자인 딸은 엄마의 말에서 특정한 부분인 '친구들과'를 고의로 강조하여 엄마의 의도와는 다르게 해석하고 있다. 다음의 예를 더 보자.

모든 종교에서는 이웃의 물건을 훔치는 것을 강력하게 금지한다. 여기에는 모르는 사람의 물건을 훔쳐도 된다는 사고방식이 깔려 있다.

이 논증에서 모든 종교가 의도하는 바는 '그 누구의 물건도 훔쳐서는 안 된다.'는 것이다. 그런데 논증자는 특정한 '이웃의'라는 부분을 고의로 강조하여 '모르는 사람의 물건은 훔쳐도 된다.'는 뜻으로 다르게 해석하고 있다. 따라서 논증자의 결론은 수용할 수 없다.

(5) 은밀한 재정의의 오류

은밀한 재정의의 오류는 논증자가 편리한 대로 본인 기준에 맞게 재 정의하여 자신의 주장을 관철시키려는 의도로 사용하는 것을 말한다. 다음을 예를 보자.

> 약육강식이라는 것은 진화론이 등장한 이후로 누구나가 인정하는 진리다. 그러니 강자가 약자를 억압하는 것에 의문을 제기하면 안 된다. 그러니까 직원이 사장에게 대드는 것은 바람직하지 않다.

여기서 '약육강식'이라는 말은 자연 생태계에서 강한 동물이 약한 동물을 잡아먹는 현상을 의미한다. 그런데 논증자는 자의적으로 강자가 약자를 억압하는 인간 사회의 현상이라는 의미로 은밀하게 바꿔 사용한다.

■ 연습문제

1. 다음 주장들이 언어상의 오류 중에서 어떤 오류를 범한 것인지 보기에서 선택하시오.

〈보기〉 ㉠ 애매어의 오류 ㉡ 은밀한 재정의의 오류 ㉢ 합성의 오류 ㉣ 분해의 오류 ㉤ 강조의 오류

① 미친 사람은 정신병원에 수용되어야 해! 요즘 세상에 뇌물 주는 것을 물리치다니, 미치지 않고 그럴 수 있어? 그 친구 정신병원에 보내 버려야겠어.

② 모든 죄인은 감옥에 가야 한다. 그런데 인간은 모두 죄인이다. 따라서 인간은 모두 감옥에 가야 한다.

③ 경미는 설탕 맛을 좋아한다. 경미는 된장찌개를 좋아한다. 따라서 경미는 된장찌개에 설탕을 넣어도 잘 먹을 것이다.

④ 올해는 곡식의 생산이 작년보다 훨씬 증가했다. 따라서 옥수수의 생산도 증가했을 것이다.

⑤ 갑: 사람들은 모두 이기적이야.

을: '사랑의 가족'이라는 텔레비전 프로그램을 봐, 남의 불행을 자신의 것처럼 생각하는 사람들이 얼마나 많은데.

갑: 그런 사람들도 자신이 원하는 바를 하고 있는 것이 아닌가? 결국은 그런 사람들도 모두 이기적이지.

2. 다음에 대한 분석으로 옳은 것만을 〈보기〉에서 고른 것은? (2017년 LEET 추리논증 24)

일반적으로 과학적 탐구는 관찰과 관찰한 것(자료)의 해석으로 압축된다. 특히 자료의 해석은 객관적이고 올바르며 엄밀해야 한다. 그런데 간혹 훈련받은 연구자들조차 사회 현상을 해석할 때 분석 단위를 혼동하거나 고정 관념, 속단 등으로 인해 오류를 범하기도 한다. 예를 들어 집단, 무리, 체제 등 개인보다 큰 생태학적 단위의 속성에 대한 판단으로부터 그 단위를 구성하는 개인들의 속성에 대한 판단으로부터 그 단위를 구성하는 개인들의 속성에 대한 판단을 도출하는 경우(A 오류), 편견이나 선입견에 사로잡혀 특정 집단에 특정 성향을 섣불리 연결하는 경우(B 오류), 집단의 규모를 고려하지 않고, 어떤 집단이 다른 집단보다 특정 행위의 발생 건수가 많다는 점으로부터 그 집단은 다른 집단보다 그 행위 성향이 강할 것이라고 속단하는 경우(C 오류) 등이 이에 해당한다. 이와 같은 오류들로 인해 과학적 탐구 결과가 왜곡 될 수 있으므로 주의가 필요하다.

〈보기〉

㉠ 상대적으로 젊은 유권자가 많은 선거구가 나이 든 유권자가 많은 선거구보다 여성 후보에게 더 많은 비율로 투표했다는 사실로부터 젊은 사람이 나이 든 사람보다 여성 후보를 더 지지한다고 결론을 내린다면, A 오류를 범하게 된다.

㉡ 외국인과 내국인 사이에 발생한 범죄가 증가하고 있다는 자료로부터 가해자가 외국인이고 피해자가 내국인인 범죄가 증가한다고 결론을 내린다면, B 오류를 범하게 된다.

㉢ 자살자 수가 가장 많은 연령대는 1,490명을 기록한 50-54세라는 통계로부터 50-54세의 중년층은 다른 연령대보다 자살 위험성이 가장 크다고 결론을 내린다면, C 오류를 범하게 된다.

2) 유관성의 오류(fallacies of relevance)

전제가 결론과 논리적으로 아무 관련이 없음에도 마치 관련성이 있는 것처럼 기만할 때 발생하는 추론상의 오류이다. 이런 논증은 대체적으로 심리적으로 유관한 전제에서 결론을 이끌어 내기 때문에, 별문제 없이 받아들이곤 한다. 그러나 심리적으로 관련성 그 자체가 그 논증을 보장하지는 않는다. 올바른 논증은 결론과 전제가 논리적으로 밀접하게 관련성을 가질 때 가능하다. 이와 관련된 오류의 종류들을 살펴보자.

(1) 힘에 호소하는 오류

자신의 주장에 관련한 근거를 제시하는 대신 바람직하지 않은 결말을 초래하게 되리라고 힘으로 위협함으로써 주장을 받아들이게 하려는 논증이다. 이 오류는 어떤 주장을 받아들일 수 있는 논거를 제시하는 대신, 그 주장을 받아들이지 않을 경우에 발생할 수 있는 힘에 의한 결과를 이야기한다. 그래서 청자가 심리적 불안이나 공포를 갖게 됨으로 화자가 말한 주장은 정당화된다. 다음의 예를 통해서 확인하자.

우리의 요구를 받아들이지 않으면, 엄청난 사태가 벌어질 것이다. 그리고 그 사태에 대한 책임은 모두 당신들에게 있다.

이 논증에서 요구를 받아들여야만 할 이유는 제시하지 않고, 단지 일어날 어떤 '엄청난 사태'를 암시함으로써, 공포를 제기해 요구의 관철을 꾀하고 있다.

그러나 단순히 상대편이 공포감을 가진다고 해서 모두가 오류가 되는 것은 아니다. 예를 들어 교수가 학생에게 다음과 같은 말, "비판적 사고와 토론 과목은 결석을 3분의 1 이상 하면 F학점을 받을 것이다." 이 말은 학생이 공포감을 느꼈더라도 실제 관련된 사실을 알려주는 것이기 때문에 오류가 아니다.

다음의 예를 통해서 이러한 오류를 확인하자.

> 셰익스피어의 『햄릿』 해석에서 자네가 나의 연구와 다른 관점을 취한다면, 이번 대학원 졸업시험도 다가오는데 자네가 졸업을 할지 모르겠네. 자네도 알다시피 나는 자네의 지도 교수이자 이 『햄릿』 연구의 권위자가 아닌가?

(2) 동정심에 호소하는 오류

동정심에 호소하는 오류는 구체적인 논거를 제시하는 대신 상대방의 동정심에 호소해서 어떤 관점으로 설득하고자 하는 논증을 말한다. 동정심은 우리의 행동에 영향을 준다는 것은 분명한 사실이다. 동정심에 호소하는 논증이 효과적이고 해서, 동정심을 관련 있는 근거라고 오해해서는 안 된다.

다음의 예를 통해서 이러한 오류를 확인하자.

> 교수님, 이번 학기에 〈비판적 사고와 토론〉과목에서 좋은 성적을 얻지 못하면 등록금 관련 장학금 때문에 이런 메일을 드리게 되어 죄송합니다. 그런데 제가 이 과목에서 A를 받지 못하면 다음 학기에 장학금을 받을 수 없습니다. 가정 형편 때문에 알바로 생활비를 벌고 있는 제 처지를 고려하여 성적을 올려주시기를 바랍니다. 제발 올려주세요.

이 논증에서 학생은 논리적인 근거를 제시하기보다 자신의 가정 형편이나 알바로 생활하고 있다는 사실을 통해 동정심에 호소하고 있다. 성적 산출이 객관적인 평가로 책정되는 것인 이상, 이와 같은 관련성 없는 사실은 성적을 올려주는 것과 아무런 관련이 없다.

다음의 예를 통해서도 이러한 오류를 볼 수 있다.

> 이번 선거에서 김광수 후보를 뽑아야 합니다. 그는 그동안 두 차례나 출마했으나 낙선했습니다. 그는 나이가 벌써 70이 넘어서 이번이 마지막 기회입니다. 그리고 선거를 치르느라 빚더미에 올랐습니다. 또한 김광수 후보는 작년에 사랑하는 부인마저도 사고로 잃었습니다.

(3) 대중에 호소하는 오류

대중에 호소하는 오류는 어떤 주장에 대한 타당한 이유를 제시하는 대신 대중의 편견, 군중심리에 호소하여 자신의 주장을 정당화하는 오류이다. 이를테면 제품의 우수성을 보이려고 그 제품에 대한 설명보다는 많은 사람이 그 제품을 선택한다는 이유를 대곤 한다. 또한 어떤 주장이 옳음을 내세우는 근거가 다수가 받아들인다는 이유를 대곤 한다. 이러한 논증은 결함을 가지고 있다. 어떤 것의 장점과 그 대중성은 서로 다른 것이기 때문이다. 대중들이 반드시 올바르고 합리적인 결정을 하지는 않는다. 대중들은 어떤 제품을 품질이 좋아서 구입할 수도 있지만, 그 제품을 광고에서 자주 보았거나, 친구가 그것을 구입했거나 등의 이유로 그 제품을 선택할 수 있다. 단지 '다수'가 지지한다고 해서 사실 자체가 올바르다거나 참이라는 주장을 직접 뒷받침하는 것은 아니다. 엄청난 다수가 지지했지만, 엄청난 오류로 밝혀진 대표적인 사례인 파시즘은 그 좋은 예이다.

다음의 예를 통해서 이러한 오류를 확인하자.

여러분들이 회사원들에게 가장 갖고 싶은 국산 자동차가 무엇이라고 물어보면, 대다수가 '그랜저'라고 대답할 것이다. 또한 '그랜저'는 작년에 가장 많이 팔린 자동차이다. 따라서 나는 '그랜저'가 가장 성능이 우수한 자동차라고 생각한다. 당장 구입하러 가야겠다.

이 논증은 대중에 호소하는 오류를 범하고 있다. 왜냐하면 '그랜저'가 가장 많이 팔린 자동차라고 해서 '그랜저'가 가장 성능이 우수한 자동차라고 판별할 수는 없기 때문이다. 대중이 좋아하는 것 자체가 가장 우수하다는 주장의 논거를 직접적으로 뒷받침한다는 것은 아니다.

다음의 예를 통해서 이러한 오류를 확인하자.

너는 '어벤져스: 엔드게임'을 보아야 해. 그게 얼마나 훌륭한 영화인지 알아? 역대 외국영화 박스오피스 1위인 영화야.

(4) 인신공격에 호소하는 오류

어떤 주장이나 행위를 반박하는 것이 아니라, 주장이나 행위를 하고 있는 사람의 인격을 손상함으로써 그 주장을 반박하려 할 때 범하게 되는 오류이다.

다음의 예를 통해서 이러한 오류를 확인하자.

시민 단체 활동가 그 친구는 요즘 언론에서 약자들을 위해서 사회 정의니 인권이니 하며 떠들고 다니는데, 기가 차는 일이야. 그 친구 과거의 음주운전 경력을 가지고 있거든.

어떤 사람이 과거에 음주운전 경력을 가지고 있다고 해서 그의 사회 정의와 인권에 관한 주장과 활동이 거짓이 되는 것은 아니다. 논증자는 시민 단체 활동가의 개인적 약점을 거론하여 인격을 모독하는 인신공격의 오류를 범하고 있다.

다음의 예를 통해서 이러한 오류를 확인하자.

> 김현철 박사가 이산 수학 난제를 풀었다고 말하고 있지만, 그것을 굳이 확인할 필요가 있을까? 그는 이제 30살 밖에 안된 지방대학에 소속된 신출내기 연구자인거 알고 있니?

이 논증자는 김현철 박사의 이산 수학에 관련된 사실을 평가하는 것이 아니라 그것과 전혀 무관한 지방대학과 나이를 언급해 김현철 박사를 인격적으로 비하하고 있다.

(5) 정황에 호소하는 오류

정황적 논증은 주장 그 자체를 평가하는 것이 아니라, 주장하는 사람이 처한 정황이나 상황을 근거로 주장을 비판할 때 발생하는 오류이다. 즉, 그 사람의 주변 정황이나 상황을 이유로 그 주장이나 행위가 잘못된 것이라고 비판할 때 발생한다. 이러한 정황에는 직책, 직업, 처지 등이 있다. 그러나 이 오류에서 논의되는 상대방의 정황 그 자체는 비난받을 만한 것이 아니다. 그런 점에서 이 오류는 인신공격의 오류와 구분된다.

다음의 예를 통해서 이러한 오류를 확인하자.

우리 단체는 남성 회원이 부족하기 때문에 신규 회원으로 남학생을 적극 모집할 계획이다. 그런데 몇몇 회원이 우리 모임의 특성상 여성 회원이 많은 것은 당연하다면서 남녀차별을 두지 말자고 주장하는 것은 말이 안 된다. 그들은 남자로서 이성인 여성 회원이 많은 상황을 바라고 있기 때문이다.

이 경우에 남성이라는 특수한 상황에 놓여 있다는 것은 거짓을 증명하는 전제로 작용하지 않는다. 어떤 사람이 처한 특수한 상황을 통해 그 사람의 주장을 거부하고 있으므로 정황에 호소하는 오류이다.

다음의 예를 통해서 이러한 오류를 확인하자.

김만수 의원의 현 정권의 경제 정책 비판은 무시하세요. 어차피 그는 야당 의원이니까 무슨 말을 하든 반대할 사람이에요.

그 사람이 야당 의원이라는 정황 때문에 그가 하는 주장에 대해 비난하는 것은 올바르지 못하다. 그 사람에 대한 비판은 그 경제 정책 자체에 대해서 평가되어야지, 야당 의원이라는 정황에 의해 평가되어서는 안 된다.

(6) 피장파장의 오류

피장파장의 오류는 어떤 주장을 그 내용과 관련된 정당한 근거에서 비판하는 것이 아니라, 그 주장을 하고 있는 사람도 그 주장에 담겨 있는 것과 같은 잘못을 저질렀다는 그 이유로 그 주장을 논박할 때 발생한다. 이러한 오류는 정황적 오류의 특별한 경우이다. 이 논법은 상대방도 자신과 유사한 정황에 놓여 있다는 점을 이용해서 자신의 주장을 옹호할 때 발생하는 오류이다. 예를 들어 아버지 도둑이 도둑질 한

아들을 나무란다. "도둑질은 나쁜 짓이야. 앞으로 하지 말아라." 이에 아들이 아버지에게 항변한다. "아버지는 더 많이 훔쳤잖아요. 그러면서 어떻게 저한테 훈계를 할 수 있어요?" 아들은 아버지의 충고를 아버지는 자신보다 정당하지 못하다거나 혹은 아버지 역시 자신과 마찬가지로 정당하지 못한다고 주장하고 있다. 이러한 방식으로는 자신의 견해가 옳다는 것을 입증할 수 없다. 단지 상대방의 언행일치에 대한 비판에 머물 뿐이다.

다음의 예를 통해서 이러한 오류를 확인하자.

갑수: 미국이 이라크를 침공하고 수많은 이라크 민간인들을 학살하는 무기를 사용했다는 것은 엄밀히 따지자면 범죄 행위이다.

민수: 범죄행위라니? 당치 않는 소리이다. 이라크 테러단체인 IS가 민간인을 무참히 학살한 테러에 비하면 아무것도 아니야. 테러리스트들이 이러한 주장할 자격도 없어.

민수는 미국이 민간인을 학살했다는 자명한 사실을 평가하는 것이 아니라 테러리스트가 민간인을 학살했기 때문에 미국인들의 학살 또한 정당화하고 있다. 테러리스트의 학살행위는 당연히 비난받아야 하겠지만 그것이 미국의 행위를 정당화하는 논거가 되지 못한다.

멕시코에서 온 사업가 곤잘레스는 어제 한국 관료 조직의 부정부패에 대해 심하게 비난하였다. 그러나 이는 앞뒤가 맞지 않는다. 잘 알다시피 멕시코는 한국보다 더 부정부패가 심한 나라이다.

(7) 우물에 독뿌리는 오류

어떤 주장에 대한 반론이 일어날 수 있는 유일한 원천(우물)을 비판함(독뿌림)으로써 반론의 제기 자체를 못하게 하여 자신의 논지를 관철시키고자 하는 불공정한 전략이다. 예를 들어 토론을 시작할 때 어떤 사람이 "나의 주장을 반박하는 사람은 나의 주장을 제대로 이해하지 못하는 사람이거나 불온한 의도를 가진 사람이다."라고 말했다고 하자. 그러면 다른 토론자는 그의 주장을 비판할 수 없을 것이다. 이런 주장을 하는 사람은 결국 토론을 하지 말고 일방적으로 내 주장을 받아들이라고 하는 독단적인 사람인 것이다.

다음의 예를 통해서 이러한 오류를 확인하자.

> 지금부터 제가 드리는 말씀은 저의 양심선언입니다. 따라서 누구라도 저의 말을 의심하거나 이의를 제기한다면 바로 비양심적인 사람이 될 것입니다.

내가 나의 말을 양심선언이라고 규정하는 것과 그 말의 신뢰성은 별개의 사항이다. 이런 식의 논증은 반대 입장에 설 수 있는 가능성을 미리 차단하여 논의의 여지를 완전히 제거해 버리는 논증이다.

다음의 예를 통해서 이러한 오류를 확인하자.

> 오늘 정부의 핵심 관료가 서울 집값을 잡기 위해 '부동산 매매 거래 허가제'라는 정책을 실시할 수 있다고 발표했다. 그러자 다수의 시민 단체의 사람들이 이 정책에 반대하는 성명서를 발표했다. 그런데 이러한 정책에 반대하는 사람은 무주택자의 아픔을 모르고 현재 기득권의 배를 불려주는 사회적 부정의에 동조하는 자들이다.

이 논증에서 '부동산 매매 거래 허가제'는 논쟁의 여지가 있는 정책이다. 그런데 단순히 반대하는 사람들을 사회적 부정의에 동조하는 기득권자라고 규정하는 것은 더 이상 합리적 토론을 원천적으로 부정하는 것이다. 이 주장은 반박의 가능성을 차단하고 자신의 주장만이 옳다는 독단적인 태도에 다름 아니다.

(8) 도박사의 오류

이 오류는 도박에서 돈을 잃은 사람들이 전형적으로 범하는 오류다. 돈을 잃은 사람은 지금까지 계속해서 도박에서 졌기 때문에 이제는 이길 확률이 아주 높아졌다고 생각한다. 이런 사람들은 동전 던지기나 주사위 굴리기와 같은 우연의 사건이 이전의 사건과는 완전히 별개라는 사실을 자각하지 못하고 있다. 과거의 일어난 비슷한 사건들을 근거로 순전히 우연한 하나의 사건이 일어날 확률이 높다고 추론할 수는 없다.

다음의 예들을 통해서 이러한 오류를 확인하자.

① 주사위를 세 번 던지는 실험에서 모두 다 눈금 3이 나왔다. 따라서 다음에는 눈금 3이 결코 나오지 않을 것이다.

② 지금까지는 우리 동아리에 진짜 잘생긴 남학생이 없었으니까, 올봄에는 동아리에서 잘생긴 남학생을 만나게 될 거야.

(9) 부적합한 권위에 호소하는 오류

논증에서 근거가 되는 권위가 객관적으로 신뢰할 만한 근거를 지니고 있지 못할 때 발생하는 오류이다. 즉 특정 분야나 특정 주장에 대해 옳고 그름을 판별할 권위를 갖추지 못한 사람의 권위를 빌리는 잘못된 논증 태도를 일컫는 것이다. 물론 권위에 의존한다고 해서 모두 오류가 되는 것은 아니다. 그러나 권위로서 인용되고 있는 사람이 진정한 권위를 지니지 않을 때에 오류가 된다. 결국 여기에서 말하는 권위는 유사(pseudo)권위이며 부당한 권위에 호소하는 오류이다.

다음의 예를 통해서 이러한 오류를 확인하자.

> 법정에서 유명한 변호사의 반대심문은 권위를 가지고 옳다고 믿을 수 있다. 그 변호사의 정치적 신념은 권위를 가지며 그 신념은 옳다.

결론에서 말한 정치적 신념은 다른 사람의 정치적 신념보다 더 권위적이라는 증거는 없다. 단지 변호사의 인용은 법정에서의 능력에 대한 청중들의 존경심을 자기의 정치적 신념에 대해서도 그러한 존경심을 불러일으키기 위한 시도일 뿐이다. 아래의 예도 함께 살펴보자.

> 나는 왜 당신이 미군 주둔 예산을 한 푼이라도 더 삭감하려 하는지 모르겠소. 김철수 목사님에 따르면, 국제적 군사 동향과 북한의 국방비의 증진으로 미루어 가까운 장래에 북한과 전면적인 군사 대결이 예상된답니다.

■ 연습문제: 다음 논증들은 유관성의 오류를 범하고 있다. 구체적인 오류의 종류를 적으시오.

1. 정부 정책에 대한 박 의원의 말은 들어보나 마나이다. 그는 야당 의원이 아닌가?

2. 담배를 피우는 것은 잘못이 아니다. 어제 발간된 잡지에 실린 최근의 갤럽 조사에 따르면, 대학생들의 60% 이상이 담배를 피우는 것은 잘못이 아니라고 생각한다고 한다.

3. 왜 우리는 살인자들의 법적 권리를 보호하는 일에 그렇게도 많은 관심을 가져야 합니까? 그들도 피해자들의 권리를 짓밟지 않았습니까?

4. 지금까지 열 번이나 맞선을 보았는데, 모두 실패했어. 이번이 열한 번째야. 이번에는 반드시 좋은 사람을 만날 거야.

5. 당신이 이 지역에서 장사를 하려면 우리에게 인사를 제대로 하는 것이 좋을걸. 아니면 어디 두고 보시오. 장사를 제대로 할 수 있을지.

6. 혐오스러운 그림을 그리는 사람은 예술가가 아니야. 저명한 윤리학 전공 교수가 그렇게 말했어. 그리고 그는 예술은 타인에게 불쾌감을 줘서는 안 된다고 말했어. 그의 말이 다 맞아.

7. 만약 누군가가 한반도 전시작전 통제권이 한국으로 환수되어야 한다고 주장한다면, 그는 종북세력임에 틀림없다.

8. 요즘 우리 동네 학부모들의 90% 이상이 아이들에게 조기 수학 교육을 시키고 있을 뿐만 아니라, 그 가운데 상당수는 고액 과외를 하고 있다. 그러므로 우리 집 아이도 조기 수학 교육을 받아야 한다.

9. 김 박사는 '동성결혼 합법화'를 옹호하고 있다. 그런데 그의 주장은 가당치 않다. 왜냐하면 그는 성 범죄 전력이 있는 문제가 있는 사람이기 때문이다.

10. 제가 비록 남의 물건을 도둑질하는 잘못을 범하기는 하였지만 여러분들도 며칠을 굶어보십시오. 이웃의 담을 기웃거리지 않을 자신이 있습니까? 제겐 처자식이 있는데 저만 의지하고 있답니다. 여러분들도 저의 입장에서 잠시 생각해주시면 저의 행동을 이해해주실 것입니다.

11.그는 후티 반군의 일원이 아니라고 잡아뗀다. 그러나 우리는 후티 반군의 단원들이 어떤 경우에나 후티 반군의 일원이 아니라고 잡아떼도록 세뇌되었다는 사실을 알아야 한다.

12. 현대 사회가 지금보다 더 행복해지기 위해 나아가야 할 방향에 대한 이야기는 두 번 거론할 필요가 없다. 그 길은 이미 경전에 자세히 기록되어 있기 때문이다.

13. 다음의 논증에서의 몇 가지 오류들을 설명한 것이다. 〈보기〉중 이 설명을 잘못 적용한 것을 모두 고르면? (2008년 입법 언어논리 가책형 38)

- 강조의 오류 – 주어진 말의 강조점을 옮김으로써 원래의 의미와는 다른 뜻으로 해석하는 경우
- 인신공격의 오류 – 상대방의 인격을 공격함으로써 상대방의 주장을 공격하는 논증
- 우물에 독뿌리는 오류 – 반대 주장은 불건전한 것이라고 미리 못을 박아 반론 제기를 사전에 봉쇄하는 경우
- 정황적 오류 – 상대가 처해 있는 정황을 이용하여 논박하는 논증
- 힘에 호소하는 오류 – 힘을 사용하겠다고 위협함으로써 상대를 논박하려는 논증
- 애매어의 오류 – 어떤 단어가 두 가지 이상의 의미로 사용된 경우

〈보기〉

갑: "엄마는 내게 밤늦게 친구와 다니지 말라고 하셨으니까 언니와 밤늦게 다니는 것은 괜찮아요." - 애매문의 오류

을: "그 사람은 민족을 배신한 반역자이므로 그가 쓴 역사소설은 읽을 가치가 없다." - 인신공격의 오류

병: "제 정신을 가진 사람이라면 우리 제안을 반대할 수 없을 것입니다." - 정황적 오류

정: "내가 부동산 투기로 돈을 벌었다고요? 따지기 좋은 하는 기자 양반들, 당신들은 부동산 투기 해본 적이 없어요? 왜 나만 죄인 취급을 하시지?" - 우물에 독뿌리는 오류

무: "나는 이 지역 유권자들을 다 끌어 모을 수가 있어요. 만일 당신이 이 법안에 찬성하지 않는다면 다음 선거에서 당신이 낙선되도록 할 거요."- 힘에 호소하는 오류

기: "김구 선생님은 한국 현대사의 큰 인물이다. 어! 그럼 이 바지는 작아서 못 입으시겠네." - 강조의 오류

3) 자료적 오류

근거가 되는 자료가 주장을 충분히 지지하지 않음에도 불구하고 충분한 것처럼 생각할 때 발생하는 오류이다. 자료적 오류는 전제들이 결론을 강하게 지지해 주지 못하는 측면에서 귀납적 오류이다. 너무 편협하거나 적은 자료를 가지고 그럴듯하게 꾸미는 오류이다. 또한 자료적 오류는 전제와 결론의 관계없는 자료를 가지고 추론하는 인과의 오류라고 볼 수 있다.

(1) 흑백사고의 오류

흑백사고의 오류는 어떤 대상에 속하는 요소가 세 개 이상 있는데도 단 두 개밖에 없다고 단정하고, 그것을 전제로 삼아 결론을 내릴 때 발생하는 오류이다. 예를 들면 어떤 사람이 신을 믿지 않는다는 전제에서 그 사람이 무신론자라는 결론이 나오지 않는다. 왜냐하면 신이 존재하는지 알 수 없는 불가지론자도 있을 수 있기 때문이다. 만약 제시된 선택지가 서로 배타적이고 가능한 모든 경우를 망라하는 것이라면 그 논증은 오류를 범하지 않는다. 가령 "그 사람은 죽지 않았다. 그렇다면 살아있다는 것은 참이다." 같은 문장은 오류가 아니다. 실제로 두 가지 경우 밖에 없기 때문이다. 다시 말하면 흑백사고의 오류는 세 가지 이상의 경우가 있는데 두 가지밖에 없다고 가정할 때 일어난다.

다음의 예들을 통해서 이러한 오류를 확인하자.

모두를 나를 반장으로 뽑았다. 그래서 모두가 나를 좋아함에 틀림없다.

이 논증에서 논증자는 우리 반은 나를 좋아하는 아이와 싫어하는 아이로 나뉜다는 생각을 하고 있다. 그런데 좋아하지 않지만, 반장으로 적임자라고 생각해서 뽑은 친구도 있을 수 있고, 확실히 싫어하면서 반장으로 뽑아준 사람도 있을 것이다. 그러한 가능성을 열어두지 않고 흑백 논리로 전개하기 때문에 오류가 발생하는 것이다.

전 후보에게 투표하든지 아니면 나라를 도탄에 빠지게 하십시오.

이 논증은 선택지에 문제가 있다. 전 후보에게 투표를 하면 나라가 발전하느냐 도탄에 빠지느냐 두 가지 선택지만 과연 존재하는가? 또한 전 후보에게 투표하는 것이 나라를 도탄에 빠지게 하지는 않는가? 그런데 논증자는 자신이 제시한 선택지가 완전한 것처럼 말하고 있다.

(2) 성급한 일반화의 오류

다양한 경우들 속에서 공통점을 추출해서 하나의 원리를 만들지 않고, 성급하게 원리를 만들어 낼 경우를 성급한 일반화의 오류라 한다. 즉 너무 적은 사례로부터 일반화된 결론을 도출할 때 발생하는 오류이다. 그 가운데 여려 경향의 통계 중 일부의 경우만을 주목하여 마치 그것이 전체인 양 주장하는 편향된 통계의 오류도 성급한 일반화의 특수한 경우라고 볼 수 있다.

다음의 예를 통해서 이러한 오류를 확인하자.

> 수학 선생님께서 포기한 난해한 인수분해 문제를 친구가 풀었다. 따라서 그 친구는 틀림없이 수학 선생님보다도 수학을 더 잘할 것이다.

이 논증은 성급한 일반화의 오류를 범하고 있다. 극히 일부의 사례를 가지고 결론을 내리고 있다. 그런데 이 문장이 설득력을 높이기 위해서는 무엇이 추가되어야 하는가? 당연히 많은 사례가 추가되어야 한다. 미적분, 확률, 통계, 방정식 등 많은 경우에서 내 친구가 문제를 풀어야 논증은 설득력이 높아진다.

다음의 예를 통해서 이러한 오류를 확인하자.

> 내가 A형 남자와 다섯 번 정도 교제를 해봤다. 그런데 다 소심하고 보수적인 성격

을 가지고 있어서 너무 힘들었다. 다시는 A형 남자와 사귀지 않을 것이다.

이 논증자도 성급한 일반화의 오류를 범하고 있다. 왜냐하면 A형 남자가 소심하다는 것의 사례가 불충분하기 때문이다. 그렇다고 단지 사례가 많다고 해서 이 논증이 강화된다고 단정할 수는 없다. 왜냐하면 혈액형과 사람의 성격의 인과관계는 주관적인 편견이 개입될 여지가 있고, 과학적으로 검증되지 않은 논쟁적인 사례이기 때문이다.

(3) 무지에 호소하는 오류

어떤 주장이 거짓이라고 입증되지 않았다는 이유로 그 주장이 참이라고 주장하거나, 반대로 어떤 주장이 참이라고 증명되지 않았다고 해서 그 주장이 거짓이라고 하는 경우에 발생하는 오류를 말한다. 다음과 같은 구조를 지닌다.

A가 거짓이라는 아무런 증명이 없다. 또는 그것을 증명하지도 못했다.

따라서 A는 참이다. B가 참이라는 아무런 증명이 없다.

또는 그것을 증명하지도 못했다. 그러므로 B는 거짓이다.

다음과 같은 상황에서 이러한 무지에 호소하는 오류가 발생한다.

지금까지 신이 존재한다는 것을 증명해 준 사람은 아무도 없었다. 그래서 나는 신이 존재하지 않는 것으로 알고 있다.

신의 존재를 증명할 수 있는 사람이 아무도 없었다는 사실을 근거로 신이 존재하지 않는다고 주장한다. 그러나 그것을 현재 증명할 수 없다고 해서, 나중에도 신이 존재하지 않는다고 단정할 수 없다. 그리고 신의 존재가 단지 증명되지 않았음을 근거로 신이 존재하지 않는다고 말할 수는 없다.

다음의 예를 통해서 이러한 오류를 확인하자.

정신분석학은 과학이 아니라는 것을 증명하려는 수많은 시도가 있었지만 그중 어떤 것도 성공하지 못했다. 따라서 정신분석학은 명실상부한 과학의 한 분야이다.

이제까지 정신분석학이 과학이 아니라는 것을 증명하지 못한다는 이유로 과학의 한 분야로 결론 내릴 수는 없다. 앞으로 정신분석학이 과학이 아니라는 사실을 증명될 가능성이 있을 수도 있기 때문이다.

(4) 발생적 오류

어떤 믿음이나 주장이 어디에서 발생했는지의 문제와 그 믿음이나 주장이 논리적으로 받아들일 만한 것인지는 다른 문제이다. 그럼에도 이것을 혼동하는 경우 발생하는 오류이다. 어떤 대상이나 사태가 갖는 속성과 그것들의 원천이 갖는 속성이 꼭 동일한 것은 아니다. 예컨대 가난하게 태어난 사람은 늘 가난하게 될 것이라는 것은 올바른 추론이 아니다.

다음의 예들을 통해서 이러한 오류를 확인하자.

김 씨의 아버지는 국내 굴지 명문대학교의 물리학 교수님이다. 그도 보나 마나 영민한 지능의 소유자일 거야.

김씨의 아버지가 명문대학교 교수라고 해서 그도 영리할 것이라는 보장은 없다. 어떤 대상이 어디서 기원하게 되었는가 하는 점은 대상 자체의 속성, 가치, 장단점 등과 직접적인 관련성이 없는 경우가 많기 때문이다.

다음의 예를 통해서 이러한 오류를 확인하자.

개천에서 용이 난다는 것은 말도 안 된다. 나쁜 환경에서 자란 사람은 반드시 그 성정이 나쁘게 물들어 있게 마련이다. 개천에서는 아무리 크게 되어야 이무기밖에 되지 않는다.

(5) 논점일탈의 오류

어떤 전제로부터 논의의 맥락상 전혀 관계가 없는 결론을 이끌어 낼 때 발생하는 오류를 논점 일탈의 오류라고 한다. 다시 말해서 어떤 주장에 대한 근거가 그 주장을 뒷받침하는 논점이 되지 못하는 경우이다.

그 구조는 다음과 같다.

A라는 주제가 논의되고 있다.

A와는 사실상 무관한 주제인 B가 A에 관련된 것처럼 가장되어 제시된다.

A를 버린다. B가 쟁점이 된다.

다음과 같은 상황에서 이러한 논점 일탈의 예들을 찾을 수 있다.

약물에 취한 상태에서 살인을 하여 재판을 받고 있는 마약 중독자를 위해 판사에게 변호사가 호소한다. "마약 중독은 매우 커다란 사회 문제입니다. 따라서 이러한 사회 문제를 해결하기 위한 노력이 있어야 한다고 주장합니다."

변호사는 자신이 변호해야 할 피의자의 피의사실을 변호하는 대신, 마약 중독이라는 문제를 해결하는 문제에 집중하고 있다. 살인에 대한 변론이 이루어져야 하는데 마약 중독에 대한 변론을 함으로써 논점에서 벗어난 오류를 범하고 있다.

다음의 예를 통해서 이러한 오류를 확인하자.

사회자: 우리 사회는 저출산 문제가 심각합니다. 저출산 문제를 해결하기 위한 구체적 방안에 대해 김 후보님 말씀해 주시기를 바랍니다.

김 후보: 현재 출산율 저하로 인해 우리 사회는 급격한 고령화 사회로 가고 있습니다. 우리나라의 경우 2011년 65세 이상 인구의 비율이 11.4%이며, 향후 고령화 속도가 더욱 빨라져 2026년에는 초고령 사회에 진입할 것으로 보입니다. 정부는 빠른 시일 내 고령화 사회에 대한 대비책을 마련해야 합니다.

이 논증의 논점은 현재의 출산율 저하 문제를 해소할 수 있는 방안이 될 것이다. 그런데 김 후보는 이 논점에서 벗어난 고령화 사회에 대한 대비책으로 논점을 흐리고 있다.

(6) 허수아비 공격의 오류

허수아비 공격의 오류는 상대방이 들고 나온 원래 주장을 쉽게 공격 가능한 다른 주장으로 바꾼 뒤 이를 공격하는 것을 말한다. 이렇게 바뀐 주장을 '허수아비'라고 가정하고, 이를 공격하는 방식을 허수아비 공격이라고 한다. 다음과 같은 기본 구조를 지닌다.

A가 X라는 주장을 한다.

B가 X를 왜곡한 주장인 Y라는 주장을 제시한다.

B가 Y를 공격한다.

따라서 X는 거짓이라고 주장한다.

다음과 같은 상황에서 이러한 허수아비 공격의 오류의 예들을 찾을 수 있다.

유리: 어쩔 수 없이 정부에 의존해서 살아가는 사람들에게는 최저생계비 지원제도나 저소득층 양육비 지원제도가 생명줄이나 다름없을 것입니다. 잘못된 경제정책으로 말미암아 그들은 생존권을 심각하게 위협받고 있습니다. 물가는 천정부지로 치솟고 있는데 이들이 받아야 할 혜택은 점점 줄어들고 있기 때문입니다. 만약 우리에게 이들을 우선적으로 도와주어야 할 도덕적 책무가 있다면, 정부 시책이 어떻든 간에 우리는 그들을 지속적으로 도와주어야 합니다.

철수: 유리는 납세자가 힘들게 번 돈을 강탈해 가는 정부를 대변하고 있습니다. 또 유리의 주장은 납세자가 힘들게 번 돈을 게으름뱅이에게 그저 주는 것과 다르지 않습니다. 그래서 저는 유리의 주장을 도저히 받아들일 수 없습니다.

철수는 유리의 주장을 반박하면서 유리의 원래 주장을 임의적으로 왜곡하고 있다. 유리가 마치 납세자의 돈을 강탈해 가는 정부의 대변인 것처럼 그리고 납세자가 낸 돈을 게으름뱅이에게 나누어 주라고 말한 것처럼 유리의 주장을 왜곡하고 있다.

다음의 예를 통해서 이러한 오류를 확인하자.

도시개발 찬성자: 우리는 이 도시를 거대한 관광도시로 만들어야 지역 경제를 살릴 수 있습니다.

반대자: 당신은 이 도시에 돈 많은 사람들이 드나드는 골프장을 만들어 생태계를 파괴하자는 말입니까?

(7) 원인 오판의 오류

사실상 존재하지 않는 인과관계를 설정해서 전제에서 결론을 도출할 때 범하게 되는 오류이다. 두 사건은 단지 우연히 시간적으로 선후관계에 있거나 단순한 상관관계에 지나지 않음에도 마치 두 사건이 인과관계가 있는 것처럼 잘못 추측하는 것이 바로 원인오판의 오류이다.

다음과 같은 상황에서 이러한 원인 오판의 오류의 예들을 찾을 수 있다.

까마귀 날자 배 떨어진다. 따라서 배가 떨어진 원인은 까마귀이다.

당연히 까마귀 날아가는 행위와 배가 떨어지는 사건에는 인과성을 갖지 않는다. 까마귀 날아가는 행위가 배 떨어지는 원인이 되기 위해서는 예외 없이 발생해야 한다. 그리고 두 사건의 인과를 설명할 수 있는 메커니즘이 확립되어야 한다.

다음의 예를 통해서 이러한 오류를 확인하자.

범죄정책연구원의 조사에 따르면 성폭행 살인범 100명을 조사했는데, 그들 중 90% 이상이 음란물을 자주 봤다고 한다. 그래서 범죄정책연구원은 음란물의 시청이 성폭행 살인의 결정적인 원인이라고 간주하여, 음란물을 전면적으로 금지해야 한다고 권고했다.

음란물이 성폭행 살인의 원인이라고 추론하는 것은 합리적이지 않다. 사람들이 음란물을 본다고 결코 이러한 사건을 일으키지 않는다. 단지 음란물과 성폭행 살인은 일정한 상관관계 정도는 있을 수 있다. 그리고 성폭행 살인의 원인은 다양한 원인에서 발생하는 것으로 보는 것이 합리적이다. 예를 들어 정신적 질환이나, 성도착증, 우연한 상황에서 우발적으로 발생한 사건 일 수 있다.

(8) 원칙 혼동의 오류

이는 일반적인 경우에 적용되는 원리나 규칙을 예외적인 경우에까지도 적용되어야 한다고 생각할 때 발생하는 오류이다.

다음의 예들을 통해서 이러한 오류를 확인하자.

> 누구나 약속을 지켜야 한다. 저는 아주 절친한 친구에게 밀수한 사제 총을 빌려주었다. 그런데 그 친구는 저에게 그 총을 돌려주는 것을 거부하고 있다. 나는 지금 저를 경멸하는 사람들을 그 총으로 쏴 버리기 위해서 필요한데도 말입니다.

일반적으로 약속을 지켜야 한다는 것을 모르는 사람은 아무도 없을 것이다. 그러나 그것이 적용되지 않는 예외적인 경우도 있을 것이다. 위 논증도 이런 상황에서 약속을 지키는 것이 일반적인 원칙이라고 빌린 총을 돌려주어서는 안 된다.

다음의 예를 통해서 이러한 오류를 확인하자.

> 어린이 보호구역에서는 최고 속도는 30km이다. 그러나 대한민국 헌법에 의하면 우리나라는 자유주의 국가이다. 그러므로 내가 원하는 속도로 주행할 권리가 있다.

원칙 혼동의 오류는 다른 속성을 갖는 두 원칙을 잘못 파악하는 것을 말한다. 결론에 나오는 특수한 경우는 전제에 나오는 일반 원리나 법칙에 포섭되지 않는 어떤 속성을 가진다. 위의 예에서도 어린이 보호구역에서 주행속도라는 속성은 자유권이라는 일반적인 원칙에 포함되지 않는 속성이다.

(9) 복합 질문의 오류

물음에 답하기 전에 해결되어야 할 쟁점이 있는데도 불구하고, 쟁점을 당연한 것으로 전제할 때 발생하는 오류이다. 예를 들면, 돈을 훔치지 않은 사람에게 수사관이 "당신 그 훔친 돈 유흥비에 탕진했나요?"라고 묻는다면 단순히 "예"나 "아니오"라고 대답할 수밖에 없을 것이다. 만약에 "예"라고 대답할 경우는 '훔친 돈을 유흥비로 탕진했다.'는 것을 시인하는 셈이고, "아니오"로 대답하면 유흥비로 탕진하지는 않았지만 '돈은 훔쳤다.'라고 시인하는 셈이 된다. 이러한 곤란함에서 벗어나기 위해서는 복합 질문을 두 가지 단순 질문으로 분리한 다음, 각각의 질문에 대해 답변해야 한다.

다음의 예를 통해서 이러한 오류를 확인하자.

당신은 여자 친구와 헤어진 후 외롭습니까?

모든 복합 질문은 어떤 조건을 가정한다. 그 조건이 경우에 따라서 상대방이 인정하기를 원치 않았을지도 모르는 어떤 것을 인정하도록 만든다. 위 예의 질문은 실제로는 세 가지의 질문을 내포하고 있다. "당신은 연인을 사귄 적이 있는가?" 그리고 "만약 그렇다면 지금은 헤어졌는가?" 그리고 "지금 당신은 외롭습니까?"라는 것이다. 만약 복합 질문을 모른다면, 답변자는 그것을 하나의 질문으로 생각하고 대답할 것이다. 이러한 속임수에 걸리지 않는 방법은 그것이 하나 이상의 질문임을 말한 다음 각 질문을 구분해서 대답하면 된다.

(10) 잘못된 유비추리의 오류

유비추리가 받아들여지기 위해서는, 비교되는 대상들의 속성들이 본질적으로 중요하고 유관한 것들이어야 한다. 이 조건이 지켜지지 않으면, 유비추리는 오류에 빠지게 된다. "시계가 빨리 간다고 좋은 시계인 것은 아니다. 마찬가지로 남보다 부지런히, 한 발 앞서 사는 것은 바람직하지 못하다." 이 논증은 시계와 사람이 비슷한 점이 있고, 시계가 빨리 가는 것이 좋지 않다는 사실에 근거하여, 사람도 부지런히, 한 발 앞서 사는 것이 바람직하지 않다는 결론을 내리고 있다. 그러나 시계의 본질과 사람의 본질은 비슷한 점보다는 다른 점이 더 많다. 따라서 시계와 사람이 본질적으로 유사하다는 전제하에 전개되는 유비추리는 오류이다.

(11) 가정 망각의 오류

어떤 주장이든지 그 주장이 참되기 위한 이유나 조건이 있게 마련인데, 이를 망각했을 경우, 이 오류를 범하게 된다.

다음의 예를 통해서 이러한 오류를 확인하자.

> 나를 부도덕한 사람이라 비난하지 말라. 나는 도대체 도덕적이길 원하지 않는다. 나는 내가 하고 싶은 대로 하는 사람이다.

이렇게 주장하는 사람은 "무슨 일이든지 원하는 대로 하는 사람의 행위는, 비록 부도덕할지라도 비난해서는 안 된다."라는 정당화되지 않는 전제를 가정하고 있다. 그런데 이를 무시하거나 깨닫지 못하고, 마치 문제되는 전제가 전혀 문제되지 않는 것처럼 논리를 전개해 나갈 경우에, 가정 망각의 오류를 범하게 된다.

연속극에서 악역을 하는 배우는 외출할 때 불안하다고 한다. 길거리에서 봉변을 당할 수 있기 때문이다. 악역이 연속극의 안에서의 역할일 뿐이라는 사실을 망각한 사람들이 있는 것이다.

(12) 유용성의 오류

단지 유용하다는 이유만으로 어떤 주장을 참인 것으로 받아들일 경우 이 오류를 범하게 된다.

다음의 예를 통해서 이러한 오류를 확인하자.

> "당신은 그럼 아무 희망도 없고, 죽으면 완전히 없어져버린다고 생각을 가지고 있습니까?"하고 말하였을 때, 그 목소리는 떨리지 않았다. "그렇습니다."하고 나는 대답했다.
>
> 그러자 그(신부)는 머리를 숙이고 다시 걸터앉았다. 나를 불쌍히 여긴다고 그는 말하였다. 그것은 인간으로서 도저히 견딜 수 없는 일로 생각된다는 것이었다.
>
> – 까뮈, 『이방인』

신부가 제시하고 있는 논증을 재구성해 보면 다음과 같다.

① 우리의 삶이 죽음으로써 완전히 끝나고 그래서 죽음 후에는 아무 희망도 없다는 것은 인간으로서 도저히 견딜 수 없는 일이다.

② 우리의 삶이 죽음으로써 완전히 끝나고 그래서 죽음 후에 아무 희망이 없다는 것은 잘못이다.

신부의 논증을 이와 같이 재구성해 놓고 볼 때, 우리는 신부가 유용성의 오류를 범하고 있음을 알 수 있다. 사후의 삶이 없다는 것이 우리에게 견딜 수 없는 허무감을 주고 이 허무감은 삶을 위해 유용하지 않다는 이유 때문에, 사후의 삶을 인정하려 하고 있기 때문이다.

사후의 세계가 존재한다는 생각은 여러모로 유용한 것은 사실이다. 삶의 허무감을 달래주기도 하고, 어떻게 살았는가에 따라 사후에 천국이나 지옥에 간다는 생각은 사람들로 하여금 현세의 삶을 선하게 살도록 유도하여, 많은 악행을 예방할 수 있을 것이기 때문이다. 그러나 이 유용성이 사후의 세계가 존재한다는 것을 증명하는 전제가 되는 것은 아니다.

(13) 위험한(미끄러운) 비탈길의 오류

원인과 결과 사이의 거리가 너무 먼 경우에 발생하는 인과적 오류이다. 즉 사건 A와 사건 B가 인과관계일 경우 그 사이에 또한 다수의 인과관계들이 연쇄적으로 연결되어 있어서, 최초의 원인에 의해 한 번 미끄러지면 불가피하게 비탈길 아래까지 계속해서 미끄러질 수밖에 없다고 추론할 때 발생하는 오류이다. 그런데 최초의 원인이 발생하더라도 비탈길 중간에서 멈출 수도 있을 가능성을 배제할 수는 없다.

다음의 예를 통해서 이러한 오류를 확인하자.

만약 네가 일찍 잠자리에 들지 않으면, 내일 면접시험을 망칠 것이다. 면접시험을 망치게 되면 취업을 할 수 없을 것이고, 그렇게 되면 너는 알코올 중독자가 되어 생을 비참하게 마감할 것이다.

논증자는 '일찍 잠자리에 들지 않는다면'에서 출발해 결국 '생을 비참하게 마감할 것이다.'라는 데까지 나아간다. 뭔가 이상하지 않나? 왜냐하면 일찍 잠자리에 들지 않는다고 해서 비참하게 생을 마감하게 될 것이라고 말하는 것은 명백한 논리적 비약이기 때문이다. 이처럼 일단 어떤 것이 받아들여지지 않을 경우 점차 더욱더 큰 문제가 생길 것이라고 생각하거나, 일단 어떤 행동을 하게 되면 중단하기 어렵고 불가피하게 파국으로 차달을 수밖에 없다고 추론하는 사람은 위험한 비탈길의 오류를 범하게 된다.

■ 연습문제: 자료적 오류

1. 다음 글에 제시된 논리적 오류의 사례로 적절하지 않은 것은?

(2013년 민간경력 언어논리 인책형 20)

> 흔히 주변에서 암 검진 결과 암의 징후가 없다는 판정을 받은 후 암이 발견되면 검진이 엉터리였다는 비난하는 것을 본다. 우리 몸의 세포들을 모두 살펴보지 않은 이상 암세포가 없다고 결론지을 수 없다는 것은 논리적으로 명확한데 말이다. 우리는 1,000마리의 까마귀를 관찰하여 모두 까맣다고 해서 까맣지 않은 까마귀가 없다고 단정할 수는 없다고 학교에서 배웠다. 하지만 교실에서 범하지 않는 논리적 오류를 실생활에서 흔히 범하곤 한다. 예를 들어, 1960년대에 의사들은 모유가 분유에 비해 이점이 있다는 증거를 찾지 못했다. 그러자 당시 의사들은 모유가 특별한 이점이 없다고 결론지었다. 그 결과, 많은 사람들이 대가를 치러야만 했다. 수십 년이 지난 후에, 유아기에 모유를 먹지 않은 사람들은 특정 암을 비롯하여 여러 가기 질병에 걸릴 위험성이 높다는 사실이 밝혀진 것이다. 이와 같이 우리는 '증거의 없음'을 '없음의 증거'로 오인하고 한다.

① 다양한 물질의 전기 저항을 조사한 결과 전기 저항이 0인 경우는 없었다. 따라서 전 기 저항이 0인 물질은 없다.

② 어떤 사람이 술과 담배를 즐겼지만 몸에 어떠한 이상도 발견되지 않았다. 따라서 그 사람에게는 술과 담배가 무해하다.

③ 경찰은 어떤 피의자가 확실한 알리바이가 있다는 것을 확인했다. 따라서 그 피의자는 해당 범죄 현장에 있지 않았다.

④ 주변에서 빛을 내는 것을 조사해보니 열 발생이 동반하지 않는 것이 없었다. 그러므로 열을 내지 않는 발광체는 없다.

⑤ 현재까지 수많은 노력에도 불구하고 외계 지적 생명체는 발견되지 않았다. 그러므

로 외계 지적 생명체는 존재하지 않는다.

■ **다음 논증들은 자료적 오류를 범하고 있다. 오류의 종류를 적으시오.**

1. 거짓말은 죄이다. 의사는 환자를 안심시키려고 거짓말을 했다. 그럼에도 거짓말한 의사는 죄를 범한 것이다.

2. 오늘날 종교란 일종의 주술에 지나지 않는다. 왜냐하면 원시 종교가 주술적 요소를 가지고 있기 때문이다.

3. 운동선수들에게 징크스가 있다. 어떤 선수는 목걸이를 해야 하고, 또 어떤 선수는 흰 양말을 신어야만 좋을 결과를 낸다고 생각한다.

4. 어제 내가 먹은 일본 식당의 초밥은 정말 신선하지 않고 비리고 맛이 없었다. 나는 이제 다시는 일본 음식을 먹지 않을 것이다.

5. 나는 자주 텔레비전을 본다. 그리고 자주 두통이 발생한다. 두통을 없애기 위해 이제 텔레비전 시청을 그만 해야겠다.

6. 우리 할머니는 100살이다. 아직도 정정하신데 그것은 할머니가 평생 잡곡밥을 먹었기 때문이다.

7. 그 친구는 비천한 집안 출신이야. 그렇게 우아한 매너가 요구되는 자리에 그 친구를 배치하다니 자네도 참 한심하군.

8. 동물은 본능대로 산다. 사람은 동물이다. 그러므로 사람은 본능대로 졸리면 아무데

서나 자도 상관없다.

9. 그 지역 사람들은 너무 이상하다. 내가 군대시절에 그 지역 고참이 하나 있었는데 완전 인간 이하였다. 다시는 그 지역사람을 상대하기도 싫었다.

10. 술이 간암을 유발시킨다는 사실을 증명할 수 없다. 그러므로 술이 간암을 유발시킨다고 말할 수 없다.

11. 우리나라의 주식가격이 폭등하기 전에는 꼭 축구 국가대표팀이 승리를 거두었다. 오늘 우리 축구 국가대표팀이 이겼기 때문에 내일 주식이 폭등할 것이다.

12. 영수: 나는 북한의 핵에 대항하는 사드 배치가 효과적인 방법이라고 생각하지 않아서 반대해.

민수: 그럼 너는 국가 안보를 해치고 나라를 무방비 상태로 두자는 말이야? 너의 말은 북한을 이롭게 하자는 말이야

13. 지구 이외에 우주의 어딘가에 또 다른 생명체가 존재하지 않는다는 것이 아직 입증된 바가 없다. 그러므로 우주 어디엔가 또 다른 생명체가 존재하고 있음이 분명하다.

14. 나를 사랑하지 않는다고요? 당신이 나를 미워한다는 것을 이제야 알겠네요!

15. 청소년이 어른을 살해하는 것은 어린 시절 열악한 환경 속에서 자란 탓입니다. 지금 우리 앞에서 단죄를 기다리고 있는 이 소년의 경우만 보더라도 알 수 있는 일입니다. 따라서 이 소년의 살해 행위 그 자체로 다루기보다는 이러한 일반적인 문제점의 틀 안에서 다루어야 할 것입니다.

16. 이제까지 그 누구도 UFO의 존재를 확실히 증명하지 못했다. 따라서 UFO는 존재하지 않는다.

17. 지금 우리 사회에서는 사기꾼과 좀도둑이 급속도로 증가하고 있다. 결론은 자명하다. 시급히 사형제도를 시행해야 한다.

18. 폭력은 어떠한 경우에도 정당화되지 않는다. 따라서 범인 검거 시 경찰이 곤봉을 휘두르거나 폭력을 쓰지 못하게 해야 한다.

■ 종합 연습문제: 전체 오류

1. 다음 중 〈보기〉에 나타난 방식의 논리적 오류를 범하고 있는 것은?

> 〈보기〉
>
> 대한민국은 유구한 역사에 토대를 둔 훌륭한 전통을 가지고 있고, 우리 모두는 이러한 훌륭한 전통을 자라나는 청소년들에게 전수함으로써 이 전통을 보존해 나가도록 해야 한다. 이것이야말로 모든 가정에서 조상을 숭배하고 제사를 지내야 하는 이유이다.

① 표현의 자유를 우리나라의 주식가격이 폭등하기 전에는 꼭 축구 국가대표팀이 승리를 거두었다. 오늘 우리 축구 국가대표팀이 이겼기 때문에 내일 주식이 폭등할 것이다.

② 분석철학은 영 · 미 제국주의의 철학이다. 따라서 제국주의적 사상에 물들기를 원하지 않는 한 분석철학을 배워서는 안 된다.

③ 그 예술작품은 동양적인 것과는 거리가 멀다. 따라서 다분히 서양적인 색채를 띤다.

④ 청소년들 사이에 음란물이 홍수처럼 넘쳐나고 있다. 특히 영상물을 통한 손쉬운 음란물 접촉은 청소년들의 영혼을 병들게 하고 있다. 그래서 하루빨리 현재 성인물 등급기준을 상향 시키고, 성인 영화 전용관을 만들어야 한다.

2. 다음 중 〈보기〉에 나타난 방식의 논리적 오류를 범하고 있는 것은?

〈보기〉
렉서스는 일본에서 생산되는 자동차인데, 이번에 렉서스를 구입해 타고 다니는데, 연비가 너무 좋았다. 역시 일본은 연비가 좋은 자동차를 만드는 나라이다.

① 선수들의 전폭적인 지지를 얻고 있지만 박 감독의 말을 믿어서는 안 된다. 그는 성범죄 전력이 있는 사람이다.

② 이 사진은 어머니의 사진이다.

③ 동해안 석유 채굴 한 곳의 시추 지점에서 가스층이 발견되었다고 한다. 이제 우리는 꿈에 그리던 산유국이 될 것이다.

④ 바둑을 두면 지적 능력이 개발된다. 지적 능력을 개발하기 위해 바둑보다 나은 방법은 없기 때문이다.

3. 다음 중 〈보기〉에 나타난 방식의 논리적 오류를 범하고 있는 것은?

〈보기〉
환경론자들은 인간에 의해서 환경이 파괴되었다고 한다. 그래서 수달이 살지 않는 세상이 되었다고 한다. 그들은 분명히 사람보다 수달에 더 관심이 많으며, 수달만 살 수 있는 세상을 만들려고 한다. 이러한 환경 운동은 결국 인간에게 해가 되는 것이므로 절대 받아들일 수 없다.

① 나는 물가안정에 관한 어떤 설득력 있는 견해도 접한 바 없다. 따라서 물가 안정에

대한 묘안 같은 것은 없다.

② 구름은 미세한 물방울로 이루어져 있다. 이 물방울들은 한 숟갈을 채우는 데 2억 방울이 필요할 정도로 작다. 구름은 크게 보이지만, 그것은 우리들의 환상일 뿐이다.

③ 김 의원은 주택 거래 허가제를 도입해야 한다고 주장한다. 그런데 그가 그런 공산주의 정책을 신봉하다니 유감스럽다. 공산주의는 개인에게 노동할 동기를 앗아간다는 것을 모르고 있다니, 김 의원은 한심하다.

④ 그는 정시 확대 비율에 반대한다. 그의 주장은 말도 안 된다. 왜냐하면 그는 야당 의원이기 때문이다.

4. 다음 중 〈보기〉에 나타난 방식의 논리적 오류를 범하고 있는 것은?

〈보기〉

천안고등학교와 서울고등학교의 영어 시험 결과, 항상 서울고등학교가 천안고등학교보다 더 높게 나왔다. 이 결과에 비추어 서울고등학교의 학생인 민수가 천안고등학교의 학생인 은영이보다 영어를 더 잘한다는 것을 추론할 수 있다.

① 책상은 원자로 구성되어 있다. 원자는 색깔이 없다. 따라서 책상은 색깔이 없다.

② 다른 사람에게 칼을 들이대는 자들은 모두 강도죄로 체포해야 한다. 의사도 체포해야 한다.

③ 예술에 대한 니체의 주장은 받아들이기 어렵다. 그는 정신착란을 일으킨 적이 있기 때문이다.

④ 우리나라 2016년 전체 부동산 가격이 폭등하였다. 우리 집 가격도 아마 폭등했을 것이다.

5. 다음 중 〈보기〉에 나타난 방식의 논리적 오류를 범하고 있는 것은?

〈보기〉

김갑수 씨는 최근 '서울경제정책포럼'에서 재벌이 한국 경제 발전의 중심적인 역할을 해왔다고 주장하였다. 그런데 그는 현 정부의 재벌 규제에 반대하는 국내 굴지의 재벌회사의 임원이다. 그래서 그의 논의는 일고의 가치도 없다.

① 우리 사회는 반칙이 난무하고, 공정하지 못하게 운영되고 있다. 그래서 네 혼자 정직하게 살아봐야 소용없다.

② 아무도 우리에게 침묵을 강요할 수 없다. 따라서 우리가 도서관 밖에서 떠들고 노래하는 것을 비난해서는 안 된다.

③ 김종국 의원은 대북 지원을 더 많이 해야 한다고 주장하지만, 저는 이 주장에 동의하지 않는다. 왜냐하면 그는 북한에 협조적인 정책을 삼는 창의당 소속 의원이기 때문이다.

④ 이 대학 연구실에서 만들어진 이론들은 옳은 이론이 아니다. 이 대학은 땅 투기로 돈을 벌어 대학을 설립했기 때문이다.

6. 다음 중 〈 보기〉에 나타난 방식의 논리적 오류를 범하고 있는 것은?

〈보기〉

포메라니안 강아지가 내 앞을 가로질러 갔다. 그리고 3분 후에 나는 자동차 사고를 당했다. 그래서 내가 자동차 사고를 당한 것은 그 강아지 때문이다.

① 가장 많이 팔리는 노트북이 가장 성능이 좋은 노트북이 아니겠습니까?

② 그 사람은 큰 사람이다.

③ 텔레파시란 존재하는 현상이다. 지금까지 텔레파시가 존재하지 않는다고 증명한 사람은 아무도 없었다.

④ 돼지꿈을 꾸었더니 로또에 당첨되었다. 돼지꿈이 로또 당첨의 원인이 분명하다.

7. 다음 중 〈보기〉에 나타난 방식의 논리적 오류를 범하고 있는 것은?

> 〈보기〉
>
> 술 마시지 말라. 음주는 알라신의 뜻에 위배된다고 코란에 적혀 있다. 코란에 적혀 있는 것은 모두 옳다. 왜냐고? 코란은 알라신의 명령으로 쓰여진 것이기 때문이지. 코란에 코란 자체가 알라신의 명령으로 쓰여졌다고 밝히고 있지 않은가?

① 표현의 자유를 보장하는 자유주의 국가라면 그 소설가의 작품을 판금조치해서는 안 된다. 그런 소설이 출간되지 않는 나라는 자유주의 국가라고 할 수 없기 때문이다.

② 그녀와 결혼하기로 한 것은 잘못인 것 같아. 그녀는 나보다 명품을 더 좋아한다고 하지 않았냐!

③ 지난 10년간 추리소설 판매량이 계속 증가하면서, 마찬가지로 범죄발생률도 계속 증가해왔다. 그래서 사람들이 추리소설을 보기 때문에 범죄도 증가하는 것으로 추론 할 수 있다.

④ 경마 경기에서 승부조작이 있었다는데, 내가 매번 돈을 잃었던 것이 바로 이 승부조작 때문이었군. 이번에는 승부 조작이 없다고 하니 분명히 당첨될 거야. 내가 수십 번 당첨되지 않았으니, 이제는 지금까지 손실을 만회할 기회가 되겠지.

8. 다음은 논리적 오류가 포함된 주장들이다. 오류의 유형이 다른 하나는?

(2008년 입법고시 언어논리 가책형 8)

① 나는 네가 그의 능력을 인정하지 않는 것이 이해가 안 된다. 너도 알다시피 그는 우리나라 최고의 대학 출신이다. 우리 사회의 지도층 인사들 중에 그 대학 출신들이 많다는 것을 알려진 사실이다. 그런 대학의 출신자들이 유능하지 않으면 어떤 사람이 유능하나? 그 대학 출신자들이 모두 유능하다는 것은 부정하기 힘든 사실이다.

② 우리나라 대학생들은 대학에서 법학, 의학, 공학, 경제학을 공부한다. 그러니 자네가 대학생인 이상 자네 역시 법학, 의학, 공학 그리고 경제학에 대한 기본 지식을 갖고 있어야 할 것이다.

③ 세상에 흔한 동물이 개다. 요즈음은 많은 가정집에서 애완견을 키우기도 한다. 우리들이 알고 있다시피 키우다가 싫증나면 버리기도 한다. 상황이 이렇기 때문에 나는 진돗개를 천연기념물로 지정하는 것이 잘못이라고 생각한다. 진돗개도 개인 것은 분명하다. 그렇다면 진돗개 역시 흔한 동물에 불과한 것이 아니겠는가?

④ 물체가 원자로 구성되어 있다는 것은 초등학생들도 알고 있는 상식이다. 최근의 과학적 발전은 원자가 다시 쪼개어 질 수 있다는 것을 밝히고 있다. 어쨌건 원자도 너무나 작아서 육안으로는 볼 수가 없다. 그런데 이 볼펜도 원자로 되어 있다는 것을 너도 인정할 것이다. 그렇다면 우리는 이 볼펜을 볼 수 없다는 결론에 도달하게 된다. 사람들은 내 주장을 황당하게 생각하겠지만, 나는 합리적인 결론이라고 생각한다. 희랍의 철학자 제논도 눈에 보이는 운동의 존재를 부정했었다.

9. 다음 글에서 논의되는 오류와 동일한 유형의 오류를 범하고 있지 않은 것은?

> 논쟁을 하는 데 있어서 흔히 발생하는 잘못 중 한 가지는 독립적인 근거를 제시하지 않고 단순히 어떤 진술이 거짓이라는 점이 증명되지 않았다는 것을 근거로 그것이 참이라고 주장하거나, 혹은 어떤 진술이 참이라는 것이 증명되지 않았다는 것을 근거로 그것이 거짓이라고 주장하는 것이다. 일상적으로나 학문적으로나 명백한 거짓으로 보이지만 아직까지 거짓임을 증명되지 않은 이론들이 있다. 또한 어떤 진술이나 이론들은 아직까지 참이라는 것이 증명되지 않았지만 확실히 참인 경우도 있다. 따라서 어떤 진술이 참이라는 것이 증명되지 않았거나 혹은 거짓이라는 것이 증명되지 않았다고 해서 그러한 사실로부터 그것이 거짓 혹은 참이라고 단정할 수 없다.

① 많은 사람들이 유전자 조작 기술이 인간복제에 사용되는 경우 예상하지 못한 재앙이 발생할 것이라고 우려한다. 그러나 이러한 태도는 잘못이다. 과학적으로 유전자 조작 기술이 위험하다는 것을 보여주는 어떠한 증거도 없다.

② 많은 일상인들과, 심지어는 과학자들도 담배가 폐암의 원인이라고 믿고 있다. 그러나 담배가 폐암을 유발한다는 것을 보여주는 어떠한 결정적인 증거도 없으므로 담배는 폐암을 유발하지 않는다.

③ 많은 사람들이 외계 생명체의 존재를 의심한다. 그러나 외계 생명체탐사계획에 참여하고 있는 많은 과학자들은 외계 생명체의 존재를 강하게 믿고 있다. 따라서 외계 생명체는 존재한다.

④ 진화론자들은 현재의 인간이 원시 생명체로부터 긴 진화 과정을 거쳐서 나타났다고 주장한다. 그러나 그러한 대규모의 진화 과정을 관찰할 수는 없다. 따라서 진화론은 잘못된 이론이다.

10. 다음 글은 흔히 범하기 쉬운 오류들을 모은 것이다. 〈보기〉에 주어진 오류에 대한 설명으로 적절하지 않은 것은?

(2005년 견습 언어논리 용책형 19)

1) 현재 교도소에 수감 중인 나의 삼촌은 아이들에게 자기 절제에 관해 훈계하시곤 했다. 그러나 그 삼촌이 자기절제를 하지 못하여 범죄를 저질렀던 것을 보면 아이들에게 하던 훈계는 큰 의미가 없다.

2) 코란에 나와 있는 말은 모두 진리이다. 그것은 신의 말씀이기 때문이다. 코란에 적힌 말들이 모두 신의 말씀인 것은 마호메트가 그렇게 말했기 때문이다. 그렇게 말한 것이 진리인 이유는 그가 신의 예언자였기 때문이다. 우리는 그가 신의 예언자였음을 확실히 알고 있다. 코란에서 이미 그렇게 말하고 있고, 거기에서 말하고 있는 것은 무엇이든 진리이기 때문이다.

3) 원시부족에 대한 연구를 보면 당시 사람들은 많은 공포를 갖고 있었던 듯하다. 이 때 어떤 사람들은 그런 공포를 없애줄 주문이나 주술을 외움으로써, 또 다른 사람들은 자비롭고 전능한 신에 의지해야 한다고 주장함으로써 부족 내에서 영향력을 얻게 되었다. 두 번째 방식을 택한 사람들이 바로 종교를 도입한 사람들이었다. 종교의 기원이 이와 같이 미신적 성격을 가지므로 오늘날의 고등 종교도 미신에 지나지 않는다.

4) 개고기가 혐오식품인가? 아니다. 적어도 우리 국민들은 그렇게 생각하지 않는다. 문화와 사고방식이 우리와 다른 국가의 일부 사람들만이 그렇게 생각할 뿐이다. 그런데 개고기가 유통되는 상황은 매우 위험하다. 정부기관의 조사에 따르면, 개고기에서 국제 기준보다 4천 배나 많은 대장균이 발견됐다. 하루라도 빨리 개고기의 위생관리를 위한 입법에 착수하는 것이 국회의 의무이다.

〈보기〉

가. 1)은 어떤 사람의 주장을 그것 자체의 정당성 여부로 평가하지 않고 그것을 주장한 사람의 행적에 비추어 평가하고 있으므로 그 결론은 설득력을 잃는다.

나. 2)의 전제들은 코란에 나온 말들은 모두 진리라는 결론을 성공적으로 지지하고 있지 못하다. 왜냐하면 마호메트가 신의 예언자라는 것은 단지 그의 주장일 뿐 아무런 증거가 없기 때문에, 이 논증은 설득력이 없다.

다. 3)의 전제들은 사람들이 종교적 신념에 이르게 된 최초의 과정을 서술하고 있을 뿐이다. 하지만 종교가 발생 할 때 미신적이었다고 해서 종교는 곧 미신이라는 결론이 나오는 것은 아니므로, 이 논증은 설득력이 없다.

라. 4)의 논점은 개고기가 혐오식품인가 아닌가 하는 것인데 이를 뒷받침하는 근거나 증거가 충분히 제시되어 있지 않다. 오히려 논자는 개고기 유통을 법으로 정하여 위생관리를 해야 한다는 쪽으로 논점을 변경하여 본래의 논점에서 벗어나고 있다.

11. 다음 논증이 범하고 있는 오류를 가장 잘 지적한 것은?(Leet 추리논증 예비시험 27)

우리나라의 『장기 등 이식에 관한 법률』은 자율성 존중의 원칙에 따라 뇌사자 또는 사망한 자의 장기에 대해서 본인의 사전 동의가 있는 경우에 장기를 적출할 수 있도록 규정하고 있다. 하지만, 장기 기증에 대한 거부감이 많이 줄어든 지금도 장기 기증 희망자는 전체 국민에 비하면 소수에 불과하다. 그리하여 "장기 등 이식에 관한 법률"은 본인의 의사가 불분명한 경우에도 가족들의 동의가 있으면 뇌사자 또는 사망한 자의 장기 기증의 의사가 있었다고 할지라도 뇌사 또는 사망한 이후에는 그 의사를 확인하기 어려우므로 장기를 적출하는 것이 쉽지 않다. 그로 인하여 우리나라는 아직도 장기 이식 대기자에 비하여 장기가 턱없이 부족한 상황이다. 이러한 상황을 타개하기 위해서는 뇌사자 또는 사망한 자의 장기 기증에 있어서 이른바 추정적 동의 원칙을 채택하여야 한다. 추정적 동의 원칙은 장기 기증을 거부하지 않는 한 장기 기증의 의사가 있는 것으로 추정하여 장기 적출을 허용하자는 것이다. 실제로 장기 기증이 널리 이루저지는 일부 선진국에서는 추정적 동의 원칙을 받아들이고 있다. 이제 우리도 추정적 동의 원칙을 받아들여 만성적인 장기 부족 사태를 해결하여야 한다.

① 장기 기증을 위해서는 충분한 설명을 받은 이후에 동의가 있어야 한다는 점을 부당하게 가정하고 있다.

② 뇌사의 판정 기준이 명확하지 아니하여 뇌사를 사망의 기준으로 받아들이기 어렵다는 점을 간과하고 있다.

③ 우리나라의 "장기 등 이식에 관한 법률"이 장기 기증의 자유를 침해하고 있다고 단정하는 잘못을 저지르고 있다.

④ 우리나라의 "장기 등 이식에 관한 법률"이 장기 기증의 자유를 침해하고 있다고 단정하는 잘못을 저지르고 있다.

⑤ 추정적 동의 원칙이 성립하기 위하여 필요한 요건이 현실에 대한 자신의 기술과 상충한다는 점을 간과하고 있다.

12. 다음 주장들이 어떤 오류를 범하고 있는지 아래 〈보기〉에서 선택하시오.

보기			
a) 정황에 호소하는 오류	b) 동정심에 호소 오류	c) 애매어의 오류	d) 복합질문의 오류
e) 부적합한 권위에 호소하는 오류	f) 무지에 호소하는 오류	g) 분해의 오류	h) 흑백사고의 오류
i) 논점일탈의 오류	j)순환논증의 오류	k) 원칙혼동의 오류	l) 강조의 오류
m) 합성의 오류	n) 자가당착의 오류	o) 허수아비 공격의 오류	p) 인신공격의 오류
q) 대중에 호소하는 오류	r) 힘에 호소하는 오류	s) 우물에 독뿌리는 오류	t) 피장파장의 오류
u) 발생적 오류	v) 원인 오판의 오류	w) 성급한 일반화의 오류	

1) 경포대의 백사장은 하얗다. 따라서 경포대 모래는 하얗다.

2) 이번 선거에서 철수는 진보 성향의 후보에게 표를 던지지 않았다. 그는 분명히 보수주의자임에 틀림없다.

3) 그 살인 용의자에 대한 심문이 시작되었다. 형사는 단도직입적으로 물었다. "네가 사람을 죽인 것은 돈 때문인가, 원한 때문인가?"

4) 왜 우리는 살인자들의 법적 원리를 보호하는 일에 그렇게도 많은 관심을 가져야 합니까? 그들도 피해자들의 권리를 이미 짓밟지 않았습니까?

5) 나를 학과 MT에 초대하지 않으면 어떻게 되는지 두고 보세요. 아마 성적을 받아 보면 알게 될 것입니다.

6) 김광수는 우리나라에서 성소수자의 권리를 보호하는 법을 제정해야 한다고 주장한다. 그런데 그 사람의 주장에는 문제가 있다. 왜냐하면 그 자신이 바로 동성애자이기 때문이다.

7) 거의 모든 생물학자들은 교육에서 가장 중요한 것이 교육 환경이라고 주장한다. 따라서 우리도 교육 환경 개선에 많은 노력을 해야 할 것이다.

8) 인간은 생각하고 언어를 사용하는 동물이다. 왜냐하면 동물 중에 생각하고 언어를 사용하는 것은 인간뿐이기 때문이다.

9) 심해는 높은 수압과 어둠으로 인해 잠수부나 잠수함이 지금까지 한 번도 접근하지 못했다. 그렇지만 거기에는 생명이 살고 있을 것이다. 뿐만 아니라 지구 태초의 모습도 고스란히 간직하고 있을 것이다.

10) 내가 "인간은 타락하였다."라고 할 때 나에게 동의하지 않는 자들은 자신들이 이미 타락하였다는 것을 증명하고 있는 것이다.

11) 면도를 하지 않는 날에는 꼭 홈런을 때렸다. 오늘도 홈런을 때리기 위해서 면도를 하지 않아야겠다.

12) 그 환자가 사망한 것은 그 의사의 탓이 아닙니다. 그 의사는 과로에 시달렸고, 이는 그가 너무 많은 환자를 돌보는 데 기인합니다. 물론 이러한 현상은 현재 의료 보험 제도 때문입니다. 보험 수가가 낮기 때문에 환자들은 대학병원으로만 몰려드는 것입니다. 그는 죄가 없습니다. 그리고 현재의 보험 제도를 개선하는 것이 더욱 절실

합니다. (의료사고를 범한 의사의 최종변론에서)

13) 강도짓을 하기 전에 얼마 동안 계획을 세운거지?

14) 테러는 결코 용납할 수 없는 중대한 범죄행위이다. 따라서 내가 보기에는 중국 상하이 홍커우 공원에서 일본의 수뇌부에 폭탄을 투척한 윤봉길은 테러리스트이다. 따라서 그는 중대한 범죄자로 간주해야 한다.

15) 일본은 삼국시대에 한반도에 임나일본부를 두어 통치했다. 따라서 일본의 조선 강점은 정당하다.

16) 물은 불을 끈다. 물은 산소와 수소의 화학적 결합으로 이루어져 있다. 그러므로 산소와 수소로 불을 끌 수 있다.

17) 당신, 내가 부동산 투기한다고 자꾸 뭐라고 하는데 말이지, 당신도 전에 부동산 투기로 돈을 많이 벌었지! 그러니 그런 말 하지 말기를.

18) 소금의 주성분인 나트륨과 염소는 독성이 강하니 소금도 독성이 강할 것이다.

19) 논리학자가 가장 지성적인 사람이다. 왜냐하면 가장 지성적인 사람만이 논리적인 문제를 해결할 수 있기 때문이다.

20) 모든 존재의 본질인 사물들의 본질은 그 순수함에 있어서는 도달될 수 없다. 그것은 모든 철학자들이 추구하고 있는 것이지만, 어느 누구도 그것을 그 자체는 발견하지 못하고 있다. 그리고 우리가 이러한 무지를 자각하면서 더 깊이 내려가면 갈수록, 그만큼 더 가까이 우리는 진리 그 자체에 근접해 갈 것이다. (니콜라우스 쿠사누스)

21) 2019년 한국시리즈에서 우승한 두산 베어스는 한국에서 최고의 팀이다. 따라서 두산 베어스의 모든 선수들도 한국에서 최고의 선수들임에 틀림없다.

22) 우리는 친구들에 대해 험담을 해서는 안 된다. 그래? 그럼 교수님에 대한 험담은 괜찮겠네?

23) (부하직원이 상사에게) 일주인간 휴가를 다녀와야겠습니다. 물론 그동안의 임금과 휴가비까지도 주셔야지요. 그렇지 않았다간 아시죠? 제가 분식회계 서류 담당자라는 것을 알고 있죠? 즉시 처리해주세요

24) 학생 여러분 『총, 균, 쇠』를 반드시 읽으세요. 이 책은 대학생이라면 반드시 읽어야 하는 책입니다. 왜냐하면 지금까지 한국대학교 도서관에서 가장 많이 대출된 책이기 때문입니다.

25) (모기업 인사 채용 비리에 관계된 관리자가) 사회지도층이 부탁한 경우, 대부분 회사와 연관이 있는 분들이기 때문에 이들의 부탁을 거절하기 어렵다. 그러니 나에게 너무 비난하지 마세요.

26) 근검절약하여 결혼 10년 만에 강남에 아파트를 구입한 삼촌이 어제 심장마비로 돌아가셨어. 인생을 그렇게 아득바득 살 필요는 없나 봐.

27) 야수들과 우리가 얼마나 다른지를 알 때, 우리는 우리의 영혼이 몸과는 전적으로 독립적인 성질의 것이며, 결과적으로 몸의 죽음과 함께 죽게 되는 것이 아니라는 것을 더 잘 이해하게 된다. 그리고 영혼을 파괴시키는 어떤 다른 이유도 우리가 알 수 없기 때문에, 우리는 자연스럽게 영혼이 불멸하다는 결론으로 인도되는 것이다.(데카르트, 『방법서설』)

28) 소련 공산당은 1930년대에, 오스트리아 태생의 가톨릭교회의 수사(修士) 멘델이 발견한 유전학설을 유산계급의 공리공론이라고 하여 거부하였다. 왜냐하면 멘델의 유전학설은 수사라는 유산계급이 지닌 사고방식의 소산이기 때문이다.

29) 알코올 중독은 매우 심각한 사회 문제입니다. 따라서 이러한 사회 문제를 해결하기 위한 노력이 있어야 합니다.(취중 강도를 한 알코올 중독자의 변호사 변론)

30) 사회 정의를 이루어야 한다고 부르짖는 그의 말을 묵살하십시오. 그는 마르크스주의에 미친 사람입니다.

31) 내가 지금 이런 형편으로 사는 것은 모두 선천적 및 후천적 조건 탓이다. 부모가 나에게 좋은 두뇌도 많은 돈도 물려주지 않았고 그렇다고 내놓을 만한 일가친척들의 배경이 있는 것도 아니며, 사회는 극심한 경쟁으로 인하여 취업의 기회가 부족하기 때문이다.

32) 너는 사회에 공헌하고 보람 있는 일을 해야 했는데, 얼마나 많은 시간을 학교에 다니느라고 소비하고 있느냐? 이제 너에게 사회적 책임과 인류에 대한 양심이 있다면, 당장에 학교를 떠나 직업전선에 나서야 할 것이다.

33) 갑: 어떻게 하면 저의 결점을 교정할 수 있습니까?

을: 당신이 결점을 갖고 있는 이유는 당신의 약점 때문입니다. 당신이 갖고 있는 약점이 당신의 결점을 야기시키는 것입니다.

갑: 알겠습니다. 그렇다면 어떻게 하면 저의 약점을 치료할 수 있습니까?

을: 그러한 단점들을 제거하도록 노력하세요. 당신을 주저하게 하는 것은 자고로 그러한 단점들입니다.

34) 어떤 할머니는 필리핀인에게 폭행과 강도를 당한 적이 있다. 그 할머니는 모든 필리핀인들은 위험한 존재하고 확신한다.

35) 검사가 배심원들에게 '만약 이 사람이 유죄판결을 받지 않고 교도소로 가지 않는다면, 여러분들은 오늘 저녁에 무사히 귀가할 수 있을까요?'라고 말하였다. 배심원들은 유죄판결을 내렸다.

36) 우산을 잃어버릴 때마다 비가 왔다. 오늘도 우산을 잃어버렸으니 비가 올 것이다.

■ **다양한 오류의 사례를 작성해 보시오.**

1. 순환논증의 오류

2. 성급한 일반화의 오류

3. 흑백사고의 오류

4. 원칙혼동의 오류

5. 허수아비 공격의 오류

6. 우물에 독뿌리는 오류

7. 원인 오판의 오류

제6장

어떻게 증거를 수집하는가?

1
증거의 중요성과 주의사항

우리가 다른 사람들의 말이나 글을 평가할 때, 그리고 우리 스스로 무언가에 대해 주장을 하고자 할 때 중요한 것은 결국 "어느 정도의 설득력을 가지고 있는가?"가 관건이 되는 사안이라고 할 수 있다. 어떤 의견의 주장자는 사람들이 자신의 믿음을 '사실'로 받아들이길 원한다. 이런 믿음을 우리는 '사실적 주장(factual claims)'이라고 부를 수 있다.

우리가 사실적 주장에 대해 질문해야 하는 것은 그 주장을 왜 믿어야 하는지에 대한 것이다. 만일 필요한데 아무런 증거가 없다면, 어떤 주장은 말 그대로 단순한 주장에 머무를 수밖에 없다. 다시 말해 다른 사람의 주장을 평가할 때 우리는 그 사람의 주장이 얼마나 근거를 가지고 있는지, 그리고 논리적인 정합성을 가지고 있는지에 대해서 생각하기 마련이다.

대부분의 사람들은 (확증편향이나 메아리방 효과에 현혹되지 않을 수 있다고 가정한다면) 아무런 근거도 제시되지 않은 주장에 대해서는 그다지 매력을 느끼지 못하며, 반대로 자신의 주장을 펼치기 위해서는 무언가 그 근거를 제시해야 한다는 사실을 알고 있다. 우리가 어떤 특정주제로 토론을 하게 되는 상황에 놓이게 되었을 때, 그리고 그 주제에 대해 상대방과 첨예하게 대립되는 견해를 보이는 경우에 봉착하게 되었다고 가정해보자. 그렇다면 우리가 일단 해야 할 일은 무엇인가? 앞선 논의에서 논증이란 결론과 이를 뒷받침하는 이유라는 사실을 확인하였다. 그렇다면 우리가 해야 할 일은 상대방이 받아들일 만 한 이유를 제공해주는 것이라고 할 수 있다. 만일 우리가 이야기하는 것의 증거를 제공하지 않는다면 이는 단순히 공허한 메아리에 불과할 뿐이다. 따라서 우리는 다른 사람들이 믿을만한, 괜찮은 증거들을 제공해야만 한다. 즉 증거는 반드시 일정한 수준 이상이 되어야 한다.

(꼭 경쟁적이어야 할 이유는 없지만) 누군가와 토론을 하게 되는 상황은 자신의 주장도 수긍하고 받아들일 만 하다는 것을 보여주는 작업이라고 할 수 있다. 본인이 가진 밑천이 많을수록 이 목적에 부합한 효과를 가져 올 가능성이 크다. 결론적으로 특정사안에 대해 다양한 지식을 알고 있으며, 이를 잘 조직하여 자신의 견해를 뒷받침하는 것은 대단히 중요한 작업이다. 즉 본인의 주장이 기대고 있는 근거(foundation)를 제시하고 이를 사용하여 자신의 주장에 대한 지지(support)를 하는 과정은 반드시 필요하다. 이러한 과정을 거쳤을 때 본인의 주장에 대한 신뢰성(credibility)을 높일 수 있다.

또한 우리가 다른 사람의 주장을 접하게 될 경우에도 우리는 그 사람이 주장하고 있는 내용이 얼마나 잘 뒷받침되고 있는지에 대해서 생각해 볼 필요가 있다. 아래 내용을 확인해보자.

당신의 증명은 무엇인가?	그것이 참이라는 것을 어떻게 아는가?
증거는 어디에 있는가?	그것을 왜 믿는가?
그것이 참임을 확신하는가?	그것을 증명할 수 있는가?

출처: 브라운 · 킬리, 2019: 195

다른 사람의 주장을 들었을 때 이와 같은 질문을 던지는 것은 비판적인 사고방식의 기본적인 자세 중 하나이다. 즉 주장의 정당성과 신뢰성을 평가하기 위해서 증거에 대해 의문을 던지는 작업은 반드시 필요하다. 반대로 우리가 어떤 주장을 할 때에도 항상 이와 같은 질문을 받을 수 있다는 점을 항상 염두에 둘 필요가 있다. 따라서 우리는 항상 어떤 종류의 증거를 제시함으로써 우리의 주장을 강화할 수 있을지를 고민해야 한다. 보다 더 나은, 더 믿을 만한 증거를 제시할수록 우리의 주장은 더욱 강한 설득력을 얻을 수 있을 것이다.

예를 들어 앞서 언급했던 빈곤에 대한 이야기에 대해서 다시 생각해보자. 빈곤을 효과적으로 개선하기 위한 방안으로는 서로 완전하게 다른 방향의 주장을 제시할 수 있다. 첫 번째로 다양한 사회정책을 사용하여 불균등한 분배의 문제를 개선하자는 주장을 할 수 있을 것이다. 둘째, 이와는 달리 사회정책을 사용하되 저소득층의 근로의욕을 고취하는 방향으로 나아가야 한다는 논의를 펼 수 있다. 1970년대부터 미국에서 시작된 개인노력에 대한 강조를 다시 한 번 생각해보자. 보수파 논객 찰스 머레이의 경우 사회적 급여는 무책임한 행위를 조장한다고 주장했고 이 내용은 보수주의적인 미국 중산층으로부터 대단한 공감을 이끌어냈다.

위와 같은 예시를 통해 우리가 확인해야 할 부분은, 어떤 주장이 되던 간에 양 주장에 공통적으로 필요한 것은 각각의 주장을 뒷받침할 수 있는 증거라는 점이다. 즉 우리는 "증거가 가정 혹은 주장을 얼마나 잘 뒷받침하고 있는가?"라고 질문을 해야 한다. 예를 들어 사회정책 확대를 통한 빈곤문제 해결을 주장하고자 한다면, 현재 한국사회의 불평등이나 상대적 빈곤이 얼마나 심각해지고 있는지를 보여주어야 하고, 다양한 복지정책에 실제로 어떤 효과를 발휘할 수 있는지에 대한 수치를 보여주거나, 혹은 OECD의 다른 회원국들과 비교해서 어떤 부분이 부족한지 등의 자료를 제시하여야 한다. 반대로 두 번째와 같은 주장을 하기 위해서는 기존의 정책들이 상대적 빈곤문제를 해결하는데 별다른 효과를 보이지 못했다는 구체적인 증거를 제시할 필요가 있다.

정확한 자료와 증거는 비판적 사고 뿐 아니라 실제 토론을 진행하는 과정에 있어서도 대단히 중요한 역할을 차지한다. 증거의 수집은 토론 준비의 기본이고 토론자의 논제에 대한 이해, 주장의 근거와 효과성 등 토론 전반에 영향을 미치기 때문이다.

단순하게 증거를 제시하는 것이 중요한 것이 아니라 증거의 질적 수준이 주장을 효과적으로 뒷받침하는데 있어 중요한 역할을 하게 된다. 우리의 주장을, 그리고 다른 사람들의 주장의 효과성을 판단하기 위해서는 '훌륭한 증거인가?'에 대한 고려를 항상 해야 하는 것이다. 증거의 질적 수준을 결정하는 요인으로 우리가 우선 생각해야 하는 부분은 '그것이 어떤 종류의 증거인가?'라는 질문이다. 즉 증거는 다양한 곳에서 가져올 수 있으며, 어떤 종류의 증거인가가 증거의 질적 수준에 영향을 미치게 된다.

2
증거의 원천

우리는 다양한 방법으로 증거를 수집할 수 있다. 아래에서는 이와 같은 다양한 증거의 원천에 대해 논의해보고자 한다. 증거의 종류로는 직관, 개인적 경험, 사례, 증언, 권위에 호소, 개인적 관찰, 연구, 유추를 들 수 있다(브라운 · 킬리, 2019: 200). 이 중에서 우리는 특히 연구(research)로부터 증거를 수집하는 방법에 초점을 맞춰 설명하고자 한다.* 물론 논증과정에서 제시하거나 제시되는 증거들의 경우 반드시 학술적인 영역에서 가져올 필요는 없다. 하지만 직관, 개인적인 경험에 대한 증언, 권위에 호소 등의 방식은 각각의 장점과 한계를 가지고 있다.

1) 직관

공식적으로 직관은 "의식적인 기억이나 추리를 전혀 거치지 않고 사람에게 갑자기 떠오르는 지식"으로 정의된다. 직관은 영어로 'gut feeling'이라고도 이야기하는데, 만일 여러분들이 이 단어를 구글을 통해 검색한다면 뇌와 내장을 시소 위에 올려놓은 그림을 볼 수 있을 것이다. 즉 말 그대로 '당신의 느낌이 시키는 것'을 직관적인 판단이라고 할 수 있다. 직관은 일종의 비약 — 문제를 대하자마자 곧장 그 해결책을 아는 단계에 이르는 것 — 을 수반하는 것 같다.

하지만 직관이라는 것이 반드시 근거 없고 신비스러운 육감과 동일한 것은 아니다. 사람은 "기억과 인상의 창고"를 가지고 있는데 정신은 이 창고로부터 직관 혹은 직감이라고 하는 갑작스러운 인상을 이끌어낼 수 있다. 그러므로 직관은 신비적이거나 주술적인 것이라기보다는 오랜 시간 한 분야에 대한 누적된 경험으로 얻게 되는 능력이라고도 할 수 있다. 직관적 사고도 엄연한 뇌의 사고 체계 중 하나이며 우리가 활용할 수 있는 실체를 가진 중요한 사고 능력이다. 예를 들어 경험

* 이 부분은 학술적인 글쓰기에도 동일하게 적용될 수 있는 부분이다.

이 많은 요리사들은 굳이 요리책에 나온 조리법을 확인하지 않더라도 음식을 만드는 과정에서 무엇이 잘못되었는지, 혹은 어떻게 해야 더 맛있는 음식을 만들 수 있는지에 대해서 쉽게 알 수 있다. 이와 같은 사례는 한 사람의 직감이라는 것이 개인의 포괄적인 경험과 숙련, 독서 등과 같이 다른 종류의 증거에서 비롯되는 것이라는 점을 의미한다.

직관은 비이성적인 사고로 간주되는 경우가 많지만 그렇다고 반드시 쓸모없는 것을 의미하지는 않는다. 오히려 최근에는 어떤 주요사안에 대한 결정을 위해 데이터에만 매몰되지 않고 직관에도 귀를 기울여야 한다는 주장이 제기되고 있다. 영국 서리 대학의 유진 새들러 스미스 교수(Eugene Sadler-Smith)는 그의 저서 '직관적 마인드(Intuitive Mind)'에서 분석적 사고와 직관적 사고라는 두 가지 사고 체계 중에서 어떤 하나의 사고 체계가 다른 하나보다 우월하지 않다고 주장했다. 스미스의 경우 직관을 통해 창의적인 혁신이 가능하고 선택에 있어 효율성을 높일 수 있다는 주장을 펴고 있다.

그러나 직관이 가지는 가장 큰 문제점은 '모든 직관이 타당한 것은 아니며' 또한 '왜곡될 수도 있다.'는 점이다. 직관은 말로 설명하기 어렵고 다른 사람들은 그 직관이 타당한 것인지를 알아챌 수 있는 방법이 별로 없다. 또한 전문성에 기반을 두지 않은 직관은 매우 한정된 경험이나 지식에서 비롯된 것일 가능성이 높다. 결과적으로 직관에 의해서만 뒷받침하는 주장에 대해서는 우리는 그 신뢰성 여부를 한 번 되물을 필요가 있다. 우리가 직관을 사용하여 특정한 주장을 하는 경우 역시도 마찬가지이다.

2) 개인적인 경험

우리는 개인적인 경험을 자신이 가지고 있는 믿음을 뒷받침하는 근거로 일상적으로 사용하는 경향이 있다. 예를 들어 최근 한국사회에서 문제가 되고 있는 성별에 따른 갈등을 생각해보자. 온라인 상에서 많은 남성들이 "나는 ~인 사람을 알고 있다."라는 표현을 사용하고 반대로 여성들도 비슷한 경험을 제시하며 상대 성별을 비난하는 경우가 대단히 흔하다. 특정한 직업에 대해 본인이 경험한 부정적인 사례를 통해서 특정직업군 전체를 비난하는 것 역시도 마찬가지일 것이다. 예를 들어 많은 사람들이 자신이 경험했던 자동차 정비소에서 차량 정비 비용에 바가지를 씌우려 했기 때문에, 대부분의 자동차 정비소가 그다지 믿을만 하지 못하다고 생각하는 경우가 있다. 인터넷 상에 떠도는 특정 지역 출신의 사람들이나 특정 직업 종사자들에 대한 개인적으로 좋지 않았던 경험담 역시도 자신의 믿음을 뒷받침하는 근거로 많이 쓰이고 있음을 우리는 일상에서 쉽게 경험할 수 있다.

하지만 개인적인 경험이 과연 자신의 주장을 뒷받침하는 증거로서 얼마나 충분하다고 할 수 있을까? 개인적인 경험은, 혹은 축적된 개인적인 경험은 어떤 주장을 뒷받침하기 위한 증거로서는 문제점을 가지고 있다. 왜냐하면 개인적인 경험은 그것이 정말 그 경험 전체를 대표하는 사례라고 이야기할 수 있는 근거가 존재하지 않기 때문이다. 단 하나, 혹은 아주 작은 수의 경험이나 사례를 통해 일반적으로 그렇다라는 결론에 도달하는 것을 우리는 "성급한 일반화의 오류"라고 이야기한다.

3) 증언

우리는 일상생활에서 개인적인 증언을 수없이 접하게 된다. 이 책의 맨 처음 예로 돌아가보자. 우리가 밥을 먹기 위해 맛집을 고를 때, 식당에 대한 네티즌들의 평가를 보게 된다. 또한 어떤 영화를 볼 지를 결정할 때, 우리는 포털사이트 영화 게시판에 남겨진 사람들의 평가를 보게 된다.

예를 들어 "이런 영화 ... 부패한 시대, 기울어진 운동장, 부의 집중과 중산층의 몰락, 사회보장제도의 후퇴와 빈자의 낙담 ... 가진 자들의 폐부를 찌르는 작품"('다음영화'의 일반인 영화평 중에서 발췌)이라는 문장을 살펴보자. 이 내용은 최근 개봉한 영화 "조커"에 대해 한 네티즌이 남긴 평가이다. 이런 종류의 평가야말로 우리가 일상적으로 쉽게 접할 수 있는 증언의 한 종류라고 할 수 있다.

문제는 이 영화평이 비교적 상세한 편임에도 불구하고(증거로서) 몇 가지 문제점을 가지고 있다는 점이다. 이와 같은 증언(특정영화에 대한 평가)을 하는 사람들의 판단기준이 우리의 판단기준과 다를 수 있고, 또 증언을 듣는 사람들 역시도 저마다 판단기준이 다르다는 점이다. 동일한 영화평가 사이트에서 조커에 대해 남긴 평가점수는 1점부터 10점까지 극과 극의 상황을 보여주고 있다. 따라서 여기서 무작위로 골라낸 영화평을 통해서 조커라는 영화가 '좋다. 혹은 나쁘다.'라는 이야기를 하기 위한 근거로 사용하기는 무리가 있다.

대부분의 경우 증언의 배후에 숨겨져 있는 전문지식, 관심, 편견, 누락된 정보 등을 확인하기 전에는 이와 같은 증언이 얼마나 정확한지에 대해 알기 어렵다. 따라서 우리는 개인적인 수준에서의 증언이 지니는 문제점에 대해 주의를 기울일 필요가 있다.

4) 권위: 해당 분야의 전문 지식(경륜, 지식, 공식적인 자격)에 대한 물음

증거로서 권위에 호소하는 것은 양날의 검과도 같다. 권위에 호소한다는 것의 정확한 의미는, 일정한 사실에 접근할 수 있는 지위에 있으면서 그 사실들로부터 결론을 도출할 수 있는 전문적인 지식을 갖춘 것으로 평가되는 사람의 견해를 이용한다는 것이다.

예를 들어 위에서 이야기한 영화 '조커'에 대한 다른 한줄평을 살펴보자.

"이 영화는 당신을 온통 뒤흔들어 놓을 것이다." - 이동진 평론가의 한줄평

우리는 하루에도 수많은 충고 아닌 충고를 접하게 된다. 예를 들어 어떻게 하면 더 건강하게 살 수 있을지에 대한 의사들이 주는 정보, 다이어트를 하는 방법에 대한 정보, 효과적인 운동법에 대한 정보 등을 일상적으로 소비하고 살아가고 있다. 그 많은 정보들 중에 우리는 대체로 '전문가라고 생각되는' 사람들이 이야기하는 정보들을 조금 더 주의 깊게 살펴보기 마련이다.

일반적으로 어떤 사람이 해당 분야에 충분한 경험이나 식견을 가지고 있다면, 그것은 그 사람이 말한 것을 믿을 만한 좋은 이유가 된다. 물론 그 사람이 말한 것이 반드시 맞다는 보장은 없다. 하지만 정상적

인 상황이라면 충분한 경험이나 식견은 그 사람을 믿을 이유가 된다(피셔, 2018: 129).

위에 짧게 소개한 한줄평은 앞에서 살펴본 한 네티즌의 영화평(개인적 증언)보다도 더 빈약한 정보를 가지고 있다. 그럼에도 불구하고 만일 이 문구를 보고 '조커'를 보러가고 싶다는 생각이 든다면, 그건 적어도 이동진이라는 평론가가 업계에서 가지고 있는 위상 때문일 수 있다. 비슷한 예로 유사한 내용의 건강정보를 이야기하는 경우에도 일반인이 술자리에서 말하는 정보와 TV에 자주 나오는 의사가 이야기하는 내용은 다른 정도의 신뢰성을 가지게 된다. 물론 배경지식과 경험을 갖추고 있다고 해서 그 사람이 옳으리라는 보장은 없지만 적어도 배경지식과 경험은 그 사람의 주장을 더 신뢰할 만하게 해줄 수는 있다.

하지만 그럼에도 불구하고 우리는 다음과 같은 사안들을 질문해야 한다. 그 권위자는 자신이 전달하고 있는 주제에 관하여 얼마나 많은 전문지식을 가지고 있으며 얼마나 많은 훈련을 받았는가, 이것이 그 사람이 오랫동안 공부한 주제인가? 또는 그 사람은 주제와 관련된 폭넓은 경험을 했는가?(브라운 · 킬리, 2019: 209) 와 같은 내용에 대해 우리는 의문을 던져볼 수 있다. 또한 전문가들도 종종 잘못된 정보를 우리에게 전달할 뿐 아니라, 소위 말하는 전문가들 사이에서도 동일한 사안에 대해 다른 의견을 가지고 있을 수 있다. 그리고 전문가들 역시 개인적인 이해관계에서 완전히 자유롭지는 못하다. 우리가 간혹 비판하는 전문가들의 경우는 자신의 권위를 이용해서 이익을 보는 것으로 추정되는 사람들인 경우가 많다.

결국 이 상황에서 우리가 택할 수 있는 것은 "우리는 과거에 그 권위자에 의존할 수 있었는가?"(브라운 · 킬리, 2019: 211) 하는 점을 생각해

보는 것이다. 이 역시도 그 기준에 대해서 생각해 볼 여지는 있지만, 우리가 예를 들어 미국의 상황에 대한 정보들을 접하기 위해서 가장 손쉽게 할 수 있는 방법은 CNN이나 뉴욕 타임즈와 같이 공신력이 있다고 알려진 기관들의 홈페이지에 수록된 정보를 살펴보는 것이다.(실제로는 가끔 발생하는 경우지만) 미국의 상황에 대한 정보를 얻기 위해 잘 알려지지 않은 개인 블로그에 있는 내용들을 우리가 인용하지는 않는다. 이는 CNN이나 뉴욕 타임즈의 정보가 '진실'이기 때문이라기 보다는 개인 블로거보다는 상대적으로 오랜 시간에 걸쳐 공신력을 획득하고 있기 때문이다.

결론적으로(한 분야의) 권위자는 상대적으로 신뢰성이 있는 정보를 제공할 가능성이 높다. 오랜 기간 좋은 평판을 유지해 온 기관들 역시도 마찬가지이다. 즉 권위는 때때로 "신뢰할만 한 출처"라는 것을 보증하는 역할을 하기도 한다. 하지만 전문가들 역시 잘못된 견해를 가질 수 있으며, 다양한 이해관계에 얽혀있을 가능성이 있기 때문에 그들의 견해를 증거로 사용하는 것에 대해 적절한 주의를 기울일 필요가 있다. 마찬가지로 다른 사람이 권위자의 견해를 통해서 우리를 설득하려고 한다면 그 권위자의 배경지식, 경험, 신뢰성 등에 대해서 질문을 던져 볼 필요성이 있다.

5) 문헌분석(a literature review)을 통한 과학적 연구 수집

실제로 이 작업을 해 본 사람이라면 위 단어가 의미하는 바가 무엇인지를 짐작할 수 있을 것이다. 문헌분석이란 "특정 시점에 특정한 분야에서 통용되고 있는 정보에 대해 논의하는 것"을 의미한다. 단 여기서 문헌(literature)이라는 용어는 영어단어 때문에 오해할 수 있는데, 우리가 일반적으로 생각하는 '문학'이 아니다.

문헌분석은 단순히 기존에 존재하는 정보를 요약하거나 되풀이한다는 의미도 있지만 기존에 존재하는 정보들의 합성 혹은 재구성과 재배열을 통해 새로운 의미를 뽑아내는 것을 의미한다. 학술적인 글쓰기에 익숙한 연구자라고 한다면 자신이 관심 있는 연구주제, 혹은 주장들이 기존에 어떤 식으로 논의되고 있는지를 보여주면서 동시에 자신들이 새롭게 하고자 하는 주장들을 뒷받침하기 위해 기존의 학술 연구자료를 중심으로 분석하는 것이 문헌분석이라고 이야기할 것이다. 또한 토론을 준비하는 사람의 입장에서라면 자신이 주장하고자 하는 바를 뒷받침할 수 있는 객관적인 자료들을 모으는 작업이라고 이야기할 수 있다.

그렇다면 우리가 증거로서 비교적 신뢰할 수 있는 연구 자료들은 어떻게 찾아볼 수 있을까? 과거에는 우리가 학술논문을 찾아보기 위해서는 주로 도서관을 찾아 책자로 발행된 학회지 등을 열람해야 했으나 지금은 다양한 학술 데이터베이스 사이트를 활용할 수 있다.

구글학술검색 (scholar.google.co.kr)	1) 무료논문은 한정적. 하지만 하나의 주제에 대한 광범위한 논문자료를 찾기는 편리함 2) 검색어가 두 단어 이상일 경우 "　"로 묶어서 검색하면 더 정확함 3) 두 가지의 변수가 모두 포함된 논문을 검색하기 위해서는 변수 사이에 and 입력

한국교육학술정보원 (riss.kr)	1) 대학교 도서관 홈페이지를 통해 로그인 → RISS 사이트 접속 2) 국내 석/박사 학위 논문 확인이 가능
KSI 학술 데이터베이스 (http://kiss.kstudy.com/)	1) KSI논문, 국내 학술지, 학위 논문을 제공
DBpia (https://www.dbpia.co.kr/)	1) 국내 학술저널, 전문잡지, 전자책 등을 다운로드 하거나 열람할 수 있는 서비스를 제공
한국학술지인용색인 (https://www.kci.go.kr/kciportal/main.kci)	1) 각종 국내 학술지 인용지수(KCI)제공 2) 원문 열람(일부) 및 원문에 대한 링크 제공
국립중앙도서관 Web DB (http://www.nl.go.kr/nl/webdb/webdb.jsp)	1) 데이터베이스는 도서관 내에서 이용이 가능 (정기이용증 소지자의 경우는 외부에서 일부 DB이용 가능)

이 외에도 다양한 연구기관의 연구자료를 찾아보는 것도 좋은 방법이다. 특히 대부분의 국책 연구소들은 홈페이지에서 전문적인 연구자료의 원문을 제공하고 있다.

처음에는 우리가 원하는 주제에 대한 적절한 학술연구자료를 수집하는 것이 쉽지는 않을 것이다. 논문의 제목을 봐도 도대체 이 논문이 무엇을 이야기하고 싶은 것인지, 그리고 과연 내가 이야기하고자 하는 것과 어떤 연관성을 지닌 것인지를 알기 어렵다.

이러한 고민에 대해서는 "좋은 논문을 많이" 읽어야 한다는 것 이외에 손쉬운 해결책은 사실 존재하지 않는다.

여기서 "좋은 논문"이라는 표현을 사용하였는데, 사실 연구의 질적 수준은 천차만별이며 이를 우리가 쉽게 파악하는 것은 어려운 일이다. 따라서 국내 학술지에 발간된 논문이라고 하더라도 가능하면 KCI

에 등재되어 있는 논문, 그리고 보다 인용이 많이 된 논문을 읽는 것을 추천하고자 한다. 물론 등재지에 실린 논문, 그리고 보다 많이 인용된 논문이 반드시 질적으로 더 우수하다는 것을 의미하지는 않으나 상대적으로 더 많은 평가에 노출되었던 학술논문이라고 이야기할 수는 있을 듯 하다. 그리고 당연히 하나의 주제에 대해 국내 연구논문 뿐 아니라 해외에서 발행된 연구자료를 찾아보는 것 역시도 필요하다.

물론 학술연구의 결과를 증거로서 활용하는 것이 모든 문제를 해결하는 것은 아니다. 연구의 질적인 수준은 천차만별이며, 우리는 어떤 특정한 사안에 대해 서로 다른 이야기를 하는 연구결과들을 흔히 볼 수 있다. 한 때는 진실이라고 받아들여지던 연구결과들이 시간이 지나 다른 연구들에 의해 부정되기도 한다. 또한 연구자들 역시 절대적인 객관성을 유지하는 것이 아니고 기대와 태도, 가치 등에 의해 영향을 받을 수 있기 때문에 학술 연구의 결과 역시도 일정 수준 이상의 주관적인 요소들이 개입되기 마련이다.

이러한 문제점에도 불구하고 앞서 우리가 살펴보았던 여러 가지 다른 증거의 원천에 비해 연구 결과는 조금 더 신뢰할 만 하다고 할 수 있다. 그 이유는 대부분의 연구결과물들이 적어도 유사한 분야의 전문가들에 의해 상호평가를 받은 후에 우리에게 주어지기 때문이다. 따라서 '절대적으로' 확실한 무언가를 얻는다는 불가능한 목표를 따라가기보다는 우리가 사용할 수 있는 연구 결과의 질적인 부분에 관심을 기울이되, 위에서 제시한 문제점들 때문에 연구의 결과물까지 부정해버릴 필요는 없을 것이다.

3
결론

이 장에서 우리는 다양한 원천에서 오는 근거들에 대해 살펴보았다. 여러 번 이야기한 것처럼 논증이란 타당한 근거나 이유를 제시하여 그 주장을 정당화하며 논리적인 증명을 시도하는 과정이다. 논증을 효과적으로 만들기 위해 우리는 이를 뒷받침할 수 있는 증거들이 필요하고, 그 증거들이 사람들로 하여금 '믿을 만하다.'고 여겨질 때, 우리는 논증의 성공이라는 우리의 목적을 이룰 수 있다. 절대적이라고 할 수는 없지만 가급적 믿을 만하고, 많은 사람들에 의해 이미 확인된 증거들을 사용하는 것이 우리가 비판적 사고를 잘 할 수 있는 현명한 방법 중 하나일 것이다.

토론

제7장

토론

지금까지 우리는 비판적 사고란 무엇인지, 그리고 비판적 사고를 위해 생각해보아야 할 논리구조, 증거, 함의, 자료수집 등에 관하여 살펴보았다. 이 장을 통해서는 비판적 사고와 관련된 내용에 대한 지식, 그리고 사고의 습관을 이용하고 이를 실제 토론에 접목시키는 과정에 대해서 살펴보고자 한다. 이를 위해 우선적으로 우리가 생각해봐야 할 문제는 우선 토론이 과연 무엇인지, 그리고 우리가 토론을 통해서 무엇을 얻을 수 있는지에 관한 것이다. 즉 대학에서 토론에 대한 교육을 진행한다는 것이 어떤 의미를 지니고 있는지에 대해서 생각해 볼 필요성이 있다. 나아가 대학이라는 울타리 뿐 아니라 우리 주변의 일상을 돌아본다면 남북관계, 세대와 젠더를 둘러싼 문제, 성장을 추구할 것인지 아니면 분배를 추구할 것인지 등 사회 전 분야에 걸쳐 충돌하는 가치와 의견들이 시민사회 내부에 존재한다는 것을 발견할 수 있다. 이와 같은 상황 속에서 자신 스스로의 관점과 위치를 정할 수 있는 능력은 현대를 살아가는 시민으로서 모든 이들에게 요구되는 능력이라고 할 수 있다.

1
토론이란?

토론(討論)의 한자를 찾아보면 '칠 토'와 '의논할 론'이 결합되어 있는 것을 확인할 수 있다. 토론이라는 어휘가 가진 의미를 문자 그대로 해석하면 상대방의 말을 마디마디 끊어서 상대방을 친다고 하는 의미가 담겨있다. 국립국어원의 표준국어대사전에 따르면 토론이란 "어떤 문제에 대하여 여러 사람이 각각 의견을 말하며 논의함"이라고 정의되어 있다. 또한 토론은 일반적으로 토의(discussion)와는 달리 일정한 형식과 절차에 따라서 진행된다. 그러므로 토론은 찬성과 반대로 나뉘는 주제에 대해 자신의 주장과 근거를 일정한 형식에 따라 전개하면서 상대방과 청중을 설득하는 과정이라고 정의할 수 있다.

토론이란?

"토론은 찬성과 반대가 분명하게 나누어질 수 있는 주제를 두고 각 입장의 논리적인 구조를 파악한 뒤, 상반된 입장의 주장을 뒷받침하는 근거들에서 문제점을 지적하는 방식으로 진행된다."

- 김우진, 2019: 66

"대립하는 의견을 가진 양측이 상대방이나 청중을 설득하는 말하기"

- 양현모 외, 2019

토론에 대한 위 정의들은 크게 두 가지의 함의를 바탕으로 한다. 첫째, 토론은 하나의 사안에 대해서 다양한 견해가 존재할 수 있음을 전제로 한다. 즉 "어떤 지식이나 의견의 옳고 그름을 판단함에 있어 모두가 동의할 수 있는 절대적이고 보편타당한 기준은 없다."(양현모 외, 2019: 15)는 상대주의적 관점이 토론의 시작점이다. 절대적이고 보편적으로 적용 가능한 진리나 정답이 있다고 판단되는 문제에 대해 우리가 토론을 해야 할 이유는 없다. 하지만 우리의 일상에서 쉽게 마주칠 수 있는 여러 가지 현안들, 특히 어떤 특정 정책이나 가치판단과 관련된 문제들에 있어서 보편타당하게 적용할 수 있는 진리나 기준이 명확하게 존재하는 경우는 사실상 없다고 봐도 무방하다. 둘째, 토론의 목적은 상대방, 그리고 청중을 설득하는 것이다. 이는 "토론의 정의이자 동시에 토론의 목적"(양현모 외, 2019: 12)이라고 할 수 있다. 토론은 단순히 자신의 입장, 그리고 이를 뒷받침할 수 있는 근거를 통해 자신의 입장이 옳다는 것을 표현하는 것에서 그치지 않는다. 다른 입장을 가진 상대방, 그리고 토론을 통해 찬성과 반대의 입장을 듣게 된 청중들로 하여금 자신의 견해를 수용하게 만드는 것이 토론의 주요 목적이다. 따라서 토론에 있어서 자신의 주장과 이를 뒷받침할 수 있는 근거를 제시하는 일은 대단히 중요하다. 결국 토론을 하는 이유는 자신의 주장을 상대방과 청중으로 하여금 '받아들일 만하게' 만드는 것이기 때문이다.

여기서 조금 더 알아보아야 할 내용은 과연 토론과 토의가 어떻게 다른가에 대한 점이다. 많은 사람들이 이 두 가지를 "단어만 다르지 똑같은 뜻을 가진 것"으로 생각하는 경우가 많다. 이와 같은 혼동은 토론과 토의 모두 집단으로 행해지며 상대방이 존재하는 활동이고 또한 궁극적으로 이 두 가지의 활동은 공동체의 현안에 대한 해답을 찾기 위해서 이뤄진다는 점에서는 유사한 성격을 가지고 있다는 점에서 비롯된다.

하지만 토론과 토의 사이에는 몇 가지 차이점이 있다. 첫째, 특정 사안에 대한 입장이 명확한가 아니면 보다 포괄적인가의 차이를 들 수 있다. 토론은 특정한 논제에 대해 서로 입장을 달리하는 진영이 각자의 주장을 내세우면서 논제에 대한 해답을 찾는 과정이다. 반면 토의는 자신의 의견을 개진하고 그것의 정당함을 논하면서 최상의 해답을 찾기 위해서 검토하고 협의하는 것을 의미한다. 즉, 토론은 찬성과 반대로 나뉘어서 서로가 상대방을 설득하고자 하는 과정이므로 대립과 설득의 성격이 강한 말하기이고, 토의는 다양한 의견을 제시하고 조율하는 나눔과 협의의 성격이 강한 말하기라고 볼 수 있다. 둘째, 토론과 토의는 설득과 협의라는 목적의 차이로 인해서 진행방식과 초점이 다르다. 토론은 자신의 주장을 정당화하기 위해서 논리적으로 근거를 제시하고, 상대방의 논리에 대한 비판과 분석적인 조사 및 검토를 바탕으로 하며, 이 과정을 통해서 찬성과 반대 사이의 우열을 가리는 과정이기 때문에 규칙이 엄격하게 적용되는 편이다. 반대로 토의의 경우는 정보와 의견교환을 바탕으로 하여 보다 나은 결론에 도달하고자 하는 활동이므로 다양한 아이디어를 제시하는 형태로 진행되며 규칙이 느슨한 편이다. 다음 표를 통해서 토론과 토의의 차이점을 확인해보자.

구분	토론(debate)	토의(discussion)
방법	특정한 절차와 형식을 따름	특정한 형식이 없음
목적	설득	합의를 통한 문제 해결
전제	의견대립의 존재를 인정	의견 대립을 지양
과정	논제에 대한 해답을 가짐	주제에 대한 해답을 찾음
절차	주장의 증명, 검증과 논거 제시	논의와 협의

2
토론의 형식

토론은 크게 자유토론과 형식토론으로 나눌 수 있다. 전자의 경우 발언시간에 대한 자유도가 높고 주장, 교차조사, 반론 등의 정해진 순서에 대한 제약이 적다. 일반적으로 발언순서와 시간, 그리고 규칙이 엄격히 적용되는 토론이 형식토론이고 교육을 목적으로 한 아카데미식 토론이 이에 해당된다. 토론교육은 주로 후자를 바탕으로 이루어지기 때문에 여기서는 아카데미식 토론의 형식에 대해 살펴보고자 한다. 아카데미식 토론도 여러 가지로 구별될 수 있지만 여기서는 가장 보편적으로 사용되는 CEDA토론, 칼 포퍼식 토론, 의회식 토론, 그리고 링컨-더글러스 토론에 다루고자 한다.

1) CEDA토론

CEDA는 'Cross Examination Debate Association'의 약자로 미국의 '교차조사형 토론협회'의 토론방식을 가리키는 용어이다. CEDA는 말 그대로 교차조사가 있다는 것이 특징이다. 즉 자유토론에서 토론자들이 자기주장만을 말하고 다른 사람의 주장을 귀담아듣지 않는 경향을 막기 위해서 질문시간을 삽입하여 다른 사람의 주장도 비판적으로 듣도록 보완한 것이다.

각 팀은 두 명으로 구성되며, 토론자 개인별로는 각 3회(입론, 반론,

교차조사)의 반론기회가 주어지는 방식이다. 각각의 토론 참가자들이 토론의 모든 과정을 한 번씩 수행하기 때문에 토론의 여러 가지 측면에 대한 훈련방식으로 적절하다.

CEDA토론의 논제는 대부분 현 상황에 대한 문제의식에서 출발하며, 대부분 정책논제에 해당한다. 이 토론에서 찬성 측은 현 상황에 대한 변화를 주장하는 입장이고 반대 측은 현 상황의 유지를 주장하게 된다. CEDA토론의 순서는 다음과 같다.

순서	찬성 측	반대 측
1	첫 번째 토론자 입론(6분)	
2		두 번째 토론자 교차조사(3분)
3		첫 번째 토론자 입론(6분)
4	첫 번째 토론자 교차조사(3분)	
5	두 번째 토론자 입론(6분)	
6		첫 번째 토론자 교차조사(3분)
7		두 번째 토론자 입론(6분)
8	두 번째 토론자 교차조사(3분)	
9		첫 번째 토론자 반론(4분)
10	첫 번째 토론자 반론(4분)	
11		두 번째 토론자 반론(4분)
12	두 번째 토론자 반론(4분)	

이 과정에서 각 팀별로 상대 발언시간 후에 숙의시간(작전타임)을 가질 수 있다. 위에서 살펴본 것과 같이 CEDA토론은 찬성과 반대 측,

그리고 각 토론자들이 서로 교차하는 형태로 동등한 발언의 기회를 가지게 된다.

2) 칼 포퍼식 토론(Karl Popper)

칼 포퍼식 토론은 영국의 과학철학자 칼 포퍼의 사상을 참조하여 만들어진 토론이며 국제 디베이트 비영리기구인 국제 토론교육협회에서 주로 사용하는 토론 형식이다. 포퍼는 반증가능성(falsifiability)라는 개념을 제시한 철학자이다. 과학적 지식은 절대 불변의 진리가 아니라 반증 가능성에 그 핵심이 있다는 것이다. 포퍼에 따르면 모든 과학은 반증의 대상이 되고 이를 통해 기존 과학의 오류가 제거되고 이 과정이 누적되면서 과학은 진리를 향해 조금씩 전진한다. 이처럼 반증에 대한 시도가 중요하기 때문에 포퍼는 열린 사회에서 이뤄지는 합리적 비판이 중요하다고 간주한다.

칼 포퍼식 토론은 이러한 그의 사상을 따라서 비판적 사고를 함양하고 자기 자신을 잘 표현하면서 상대의 의견을 존중하는 자세를 길러주는데 그 목적이 있다.

아래 표는 일반적인 칼 포퍼식 토론의 순서이다. 각 팀은 한 번의 입론과 두 번의 반론, 그리고 두 번의 교차조사를 하게 된다.

순서	찬성 측	반대 측
1	첫 번째 토론자 입론(6분)	
2		세 번째 토론자 교차조사(3분)

3		첫 번째 토론자 입론(6분)
4	세 번째 토론자 교차조사(3분)	
5	두 번째 토론자 반론(5분)	
6		첫 번째 토론자 교차조사(3분)
7		두 번째 토론자 반론(5분)
8	첫 번째 토론자 교차조사(3분)	
9	세 번째 토론자 반론(5분)	
10		세 번째 토론자 반론(5분)

위에서 우리가 살펴본 CEDA토론과 칼 포퍼식 토론의 가장 큰 차이는 토론자마다 각각 맡은 역할이 정해져 있다는 점과, 두 번째 토론자의 경우는 상대적으로 비중이 적다는 점이다.

또한 칼 포퍼식 토론은 입론의 비중이 CEDA토론에 비해 줄어들고 교차조사와 반론의 비중이 늘어난다. 따라서 하나의 입론에 자신의 입장이 잘 드러날 수 있도록 노력해야 하며, 더 나은 질문과 반론을 위해서 상대방 의견의 경청이 보다 중요하다고 할 수 있다.

3) (영국)의회식 토론

이 토론방식은 이름에서 알 수 있는 것처럼 영국 의회의 특징을 반영하여 만들어진 토론방식이고 1820년대 영국의 옥스퍼드와 케임브리지 대학의 학생회에서 사용한 것을 시작으로 하여 지금까지 사용되고 있다. 의회에서 실제로 정책이 논의되는 것처럼 이 방식은 사실논제나 가치논제보다는 주로 정책논제를 다루게 된다.

의회식 토론의 찬성팀은 수상과 여당 의원의 역할을 하는 2명, 그리고 반대 팀은 야당대표와 야당의원의 역할을 하는 2명으로 구성된다. 이들 중 수상과 야당대표의 역할을 맡은 토론자에게 발언권이 집중되는 경향을 보인다.

앞선 두 토론방식과 의회식 토론의 차이는 교차조사 시간이 별도로 들어있지 않다는 점이다. 하지만 (사전에 정한 규칙에 따라) 발언권을 신청하여 상대방 입론 중에 질문을 할 수 있다. 아래 표는 의회식 토론의 순서를 정리한 것이다.

순서	찬성 측	반대 측
1	수상의 입론(6분)	
2		야당대표 입론(6분)
3	여당의원 입론(6분)	
4		야당의원 입론(6분)
5		야당대표 반론(4분)
6	수상의 반론(4분)	

4) 링컨-더글러스 토론

이 방식은 1858년 아브라함 링컨과 스테판 더글라스 사이에 있었던 노예제도에 관한 토론에서 시작된 일대일 토론방식이다. 혼자서 입론과 교차조사, 반론을 모두 다 소화해야 하기 때문에 앞선 토론방식에 비해서는 다소 난이도가 높다고 할 수 있다. 혼자서 토론을 진행하는 만큼 개인의 토론능력이나 순발력, 상대방 발언에 대한 보다 높은 집중력이 요구된다.

또한 이 토론방식의 시작이 노예제에 관련된 것이었던 만큼, 정책이나 사실논제보다는 가치논제를 다룰 때 사용되는 토론방식으로 사용되고 있다. 링컨-더글러스 토론의 진행순서는 아래와 같다.

순서	찬성 측	반대 측
1	입론(6분)	
2		교차조사(3분)
3		입론(7분)
4	교차조사(3분)	
5	첫 번째 반론(4분)	
6		반론(6분)
7	두 번째 반론(3분)	

이 토론의 특징은 반대 측이 입론에서 1분의 시간을 더 사용하며, 찬성 측은 대신 한 번의 공식적인 반론기회가 더 주어진다는 점이다.

3
토론의 논제

논제는 토론에서 논하고자 하는 내용이다. 토론자는 논제에 대해 찬성하거나 반대하는 입장 중 택일을 하게 된다. 논제의 유형에 따라서 토론에서 핵심적으로 다뤄져야 하는 내용들이 다르며, 그에 따라서 토론이 다르게 전개된다. 따라서 우리는 논제의 유형에 대해서 간단하게 살펴볼 필요가 있다.

1) 토론의 논제유형

논제는 크게 정책논제, 가치논제, 그리고 사실논제의 세 가지로 분류할 수 있다.

(1) 사실논제

사실논제는 말 그대로 참인지, 거짓인지의 진위여부를 다투는 논제이다. 찬성 측은 '사실논제 A가 맞다.', 반대 측은 '사실논제 A가 사실이 아니다.'와 같은 형태로 입장을 밝히게 된다. 사실논제는 과거. 현재, 미래의 어떤 현상의 존재 유무에 관한 사실을 토론의 대상으로 삼는다. 아직 진상이 완전히 밝혀지지 않은 과거의 역사도 흥미로운 논제가 될 수 있으며, 현재나 미래의 사실을 둘러싼 논제도 가능하다. 사실논제를 가지고 토론을 할 경우 주된 판단 기준은 사실을 뒷받침할 수 있는 증거의 충실성 여부이다.

일견 우리는 사실 여부를 토론을 할 수 있을지에 대해서 의문을 가질 수 있다. 하지만 사실토론에서의 사실은 두 가지 측면에서 우리가 생각하는 일상적인 의미에서의 '사실'과는 차별성을 보인다. 첫째, 사실토론은 미래의 어떤 현상의 존재 유무에 관한 사실도 다룰 수 있다. 이는 사실 토론에서 어떤 것이 절대적인 사실인지를 규명하는 것이 아니라, 어떤 현상이 실제로 벌어질지를 추정하면서 어느 것이 사실과 근접할 수 있는지를 논하기 때문이다(양현모 외, 2019: 40). 예를 들어 '담배값 인상은 흡연율을 낮출 것이다, 21세기는 아시아 · 태평양의 시대가 될 것이다.'와 같은 미래에 기대하는 사실을 논제로 삼아서 토론을 할 수 있다. 둘째, 사실토론은 사실여부의 절대적인 규명이 아니기 때문에 주관적인 판단이 개입된다. 즉, 사실토론에서는 무엇이 순수한 사실인가가 핵심이 아니라 어떤 것을 사실로 받아들일 것인가가 핵심이다.

물론 사실을 뒷받침할 수 있는 기초자료가 없다면 이는 공허한 주장에 불과하다. 예를 들어 '한국의 복지제도는 여타 선진국들에 비해 미흡하다.'라고 하는 문장을 살펴보자. '미흡하다.'라는 용어는 애매성을 포함하고 있는 개념이기 때문에 이 문장은 주관적 판단이 개입될 수 밖에 없다. 그렇지만 주관적 판단, 즉 한국의 복지수준이 정말 미흡한지 아닌지를 판별하기 위해서는 이를 뒷받침할 수 있는 기초 사실이 필요하다. 사실논제에서 쟁점이 되는 부분은 개념정의, 사실의 확인, 그리고 사실해석(행위의 책임)으로 나눠볼 수 있다.

① 개념정의

개념정의는 모든 종류의 논제에서 공통적으로 나타나는 쟁점이다. 논제에 서술되어 있는 주요한 개념들에 대한 정의가 제대로 이뤄지지 않는다면 토론자들은 제대로 된 토론을 수행할 수 없게 된다. 즉, 어떤 논제의 진위여부를 논하기 위해서는 그 논제에서 사용되는 개념에 대한 공통적인 인식이 바탕이 되어야 한다. 예를 들어 'A가 B를 살해한 것은 정당방위다.'라는 논제에 대해 논의를 한다면, 정당방위라는 행위의 개념은 정확하게 어떤 것인지를 확실히 해야 이어지는 토론을 제대로 진행할 수 있을 것이다.

② 사실확인

사실논제에서 가장 핵심적인 쟁점은 사실의 확인이다. 사실 확인은 사실논제에 대한 토론자의 입장을 지지하는 객관적 사실을 규명하는 것을 의미한다(양현모 외, 2019: 46). 이 과정은 실제로 어떤 상황, 현상 등이 있었는지에 대해 이야기하면서 이를 뒷받침할만 한 증거를 제시하는 것이다. 증거를 통해 뒷받침되지 못하는 사실은 진정한 사실로서의 위상을 가질 수 없다. 앞서 예를 든 한국의 복지수준에 대한 논의를 다시 살펴보자.

· 논제: 한국의 복지제도는 여타 선진국들에 비해 미흡하다

· 증거: 2012년 한국의 사회지출은 GDP 대비 10.5%로 OECD 전체평균 22.1%의 절반 정도에 해당한다. 또한 사회지출을 통한 소득분배구조 개선효과가 다른 OECD 국가들의 개선정도와 비교할 때, 약 30-40% 수준에 불과한 것으로 알려져 있다. 사회보험의 경우는 원칙적으로 각종 경제사회적 위험에 대비하기위한 제도이므로, 실업이나 질병, 노후빈곤과 같은 위험에 노출될 개연성이 큰 집단을 효과적으로 잘 보호해야 하지만 현실은 그렇지 못하다. 예를 들어 2014년 기준 국민연금의 정규직 가입률은 82.1%이고, 비정규직의 가입률은 38.4%에 불과하다. 기초생활보장제도 수급자의 숫자도 2009년 157만명에서 2013년 135만명으로 줄어들었다.

자료: 노대명. 2015. "한국 복지제도의 현황과 쟁점"

위 사례를 통해 확인할 수 있는 점은, 사실논제를 뒷받침할 수 있는 증거들이 제시될 때, 비로서 사실로서의 위상을 가지게 된다는 점이다.

③ 사실해석

사실 중 일부의 참/거짓이 가려진 것처럼 보이는 경우에도 여전히 이에 대한 해석과 평가가 다를 수 있다. 그리고 이에 따라 사실논제에 대한 판단이 달라질 수도 있다. 특정현상이 일어난 것이 사실로 확인이 되었더라도 그 현상이 발행하게 된 진짜 원인이 무엇인지 따져볼 필요가 있다. 즉 'A로 인해 B가 발생하였다.'라는 논제는 일견 사실인 것처럼 보이는 경우라 하더라도 문제는 모든 변인이 통제된 경우가 아니라면 A가 B를 일으킨 '진짜' 원인인지에 대해서는 쟁점이 된다는 것이다. B가 일어난 책임/원인을 A로 규정할 수 있을지에 대해서 쟁점이 될 수

있다는 의미에서 위에서 '행위의 책임'이라는 용어를 사용할 수 있다. 사회과학적인 용어를 빌리자면 우리는 사실해석에 있어 허위 상관관계를 생각할 필요가 있다는 것이다.

예를 들어 '독재정권을 통해 한국경제는 성장하였다.'(양현모 외, 2019: 49)라는 논제를 살펴보자. 위 논제는 한국에서 소위 말하는 좌/우가 갈리거나 혹은 한국의 전임 대통령들 중 일부를 긍정적으로 평가할 것인지, 아니면 부정적으로 평가할 것인지에 영향을 주는 논제이다. 1960년대부터 70년대의 한국 경제의 성장은 누구도 부인할 수 없다. 실제로 1945년 이후 독립한 국가들 중 현재 한국 수준의 경제발전을 이룬 국가는 대만 정도라고 할 수 있다. 하지만 독재정권이 한국 경제성장의 진짜 원인 A가 될 수 있는지에 대해서는 반박의 여지가 많다. 독재정권 시기에 묵묵히 땀흘려 일하던 노동자들의 힘, 그리고 냉전체제에서 미국의 원조 및 수출시장 개방 등 정권의 성격과는 별다른 관련성이 없는 요인들로 인해 한국경제가 성장하게 되었다고 해석할 수도 있다. 물론 국가의 자율성과 국가 능력을 바탕으로 하여 자원의 적절한 배분을 통해 국가 경제 전체를 이끌어나간다는 발전주의 국가론, 혹은 국가 주도적 자본주의(state-led capitalism)의 관점에서 본다면 일정부분 당시 정권이 한국경제 발전에 이바지했다고 해석할 수도 있다.

우리가 기억해야 할 점은 사실논제의 입증을 위해서는 주관적인 판단이나 행위의 책임에 대해서 파악하는 과정을 거쳐야 한다는 점이다(양현모 외, 2019). 사실논제는 일견 토론의 대상이 될 수 없을 것 같지만, 사실을 해석하는 과정에 있어서는 토론이 이뤄질 수 있다는 사실을 기억하자.

(2) 가치논제

가치논제는 어떠한 가치를 중요하게 간주할 것인가의 여부를 이야기하는 논제이다(양현모 외, 2019: 51). 가치토론은 어떤 가치를 더 우선적인 것으로 볼 것인가에 대한 논쟁으로, '좋은가? 나쁜가?', '바람직한가? 바람직하지 못한가?', '가치가 있나? 없나?'를 가리고자 하는 토론이다. 가치논제는 특정한 가치에 대해 주장하거나, 가치를 부정하거나, 두 가지의 가치 간 상호 비교하는 방식으로 주제에 접근하는 논제를 의미한다.

가치는 좋음과 나쁨, 옳고 그름 등에 대한 사람들의 신념과 감정의 체계를 의미하며, 많은 경우에 이와 같은 체계들은 (개인에게) 당연시 여겨지게 된다. 문제는 가치들은 개인들에 따라 서로 다르고 가치에 따라서 세상을 바라보는 관점이 다르다는 점이다. 따라서 사회에는 항상 다양한 가치의 충돌이 존재하기 마련이며, 이와 같이 다양한 가치들 속에서 어떤 것을 추구할 것인지에 대해 논의하는 것이 가치토론이라고 할 수 있다. 가치토론에서 찬성 측은 '논제와 같은 가치 판단이 옳다.'라고 주장하고, 반대 측은 '논제와 같은 가치판단은 그르다.'라는 주장을 펴게 된다.

가치논제에서 쟁점이 되는 부분은 개념정의, 현 상황에 대한 판단, 그리고 가치를 선택할 시 발생하는 결과로 나눠볼 수 있다.

① 개념정의

사실논제와 마찬가지로 가치논제에서도 개념정의는 중요하다. 어떤 가치를 받아들일지 말지를 논할 때 역시 그 가치를 설명하는 용어나 개념이 명확해야 제대로 된 토론이 가능하기 때문이다. 예를 들어 '안락사는 생명을 경시하는 행위이다.'라는 논제로 토론을 진행한다고 가정해보자. 이 경우 안락사가 이 논제에서 정확히 어떤 의미인지를 정의하는 과정이 필요하다.

> 현행법은 안락사의 정의나 허용 여부, 그 요건, 방법 등에 대해 규정하고 있지 않다. 따라서 안락사에 관한 정의도 바라보는 관점에 따라 다르게 분류된다. 일반적으로 안락사는 적극적 안락사와 소극적 안락사, 존엄사로 구분된다.
>
> 적극적 안락사는 치료의 중단이 있어도 즉각 숨을 거두지 않는 사람에 대하여 약물 투여 등 적극적인 방법을 통해 안락사 시키는 것이다. 예를 들면 시한부 선고를 받은 말기 암 환자는 치료를 중단해도 곧바로 사망에 이르지 않으나 고통을 줄이기 위해 치사량의 독극물을 주사하는 등의 행위로 죽음에 이르게 하는 식이다. 소극적 안락사는 회복 가능성과는 무관하게 환자나 가족의 요청에 따라 생명 유지에 필요한 영양공급, 약물 투여를 중단해 죽음에 이르도록 하는 행위를 말한다. 존엄사는 회복 불가능한 환자에게 무의미한 연명 치료를 중단하는 경우를 의미한다. 소극적 안락사가 존업사보다는 좀 더 인위적이라는 차이는 있지만 일반적으로 존엄사와 소득적 안락사는 동의어로 사용되는 경우가 많다.
>
> 자료: 코메디닷컴. 2008. 11. 28. "소극적 안락사 VS. 존업사 차이는?"

일반적으로 우리는 안락사라는 용어를 사용할 때, 이와 같이 세세하게 용어를 정의하지는 않는다. 하지만 안락사와 결부된 가치판단을 위해서는 어떤 의미로 이 용어를 사용하고 있는지에 대해 정확한 정의가 필요하다.

② 현실에 대한 판단

가치를 판단하는데 있어 영향을 주는 요인으로는 현실적인 상황과 제약을 들 수 있다. 하나의 가치의 중요성이나 두 개의 대립하는 가치 중 한 쪽의 우월성을 논의하기 위해서는 사회에서 해당 가치가 어느 정도로 유지되고 있는지를 살펴보는 것이 중요하다는 것이다.

예를 들어 최근 사회적인 이슈가 되고 있는 특목고 및 자사고 폐지에 대한 부분을 살펴보자. 이 논제는 정책논제에 해당되지만, 그 이면에는 교육에 대한 가치와 철학이 내재되어 있다. 교육에 있어서 형평성과 수월성 중 어떤 부분이 더 우리사회가 추구해야 하는 가치인가에 대한 문제인 것이다. 그렇다면 형평성과 수월성이라는 두 개의 대립되는 가치 중 어떤 것이 더 선호되어야 하는가? 이 질문에 대한 해답은 현재 한국사회에서 형평성과 수월성이라는 가치가 각각 어느 정도 수준에서 지켜지고 있는가에 대한 판단에 따라 달라질 수 있다. 형평성이 더 중요하다고 생각하는 측은 현재 상황에서 사회적으로 교육기회의 형평성이 훼손되고 있다고 주장할 것이며, 수월성이 더 중요하다고 생각하는 쪽에서는 교육의 형평성 훼손이 심각하지 않으며, 오히려 교육의 수월성을 통해서 국가 경쟁력을 제고할 수 있다고 주장할 것이다.

이와 같은 사례에서 두 가지의 가치 중 어느 것을 중시할 것인가를 판단하기 위해서는 현실에 대한 정확한 평가와 판단이 필요하고, 이를 기반으로 찬성과 반대 양 측은 현 상황에서 논제에 나타나는 가치가 얼마가 지켜지고 있는지에 대해 각자의 생각을 입증하는 과정을 거쳐야 한다.

결론적으로 두 개의 상충하는 가치 중 어떤 것이 더 우선시되어야 하는가의 문제는 가치를 평가하는데 배경이 되는 현실을 어떤 식으로 바라볼 것인가의 문제로 귀결된다.

③ 가치 선택 시 나타날 수 있는 결과

현실에 가치를 적용했을 때 나타날 수 있는 결과도 토론의 쟁점이 된다(양현모 외, 2019: 57). 가치논제에 대한 판단은 대개 현실에 대한 문제제기로 이어지게 되고, 이를 바탕으로 사회변화를 초래하게 되기 때문이다. 즉, 특정 가치를 현실화하는 과정에서는 정책적인 움직임이 뒤따르게 되고 이러한 정책이 사회변화를 불러 일으키게 된다. 따라서 가치논제에 대한 논의는 경우는 해당 가치를 현실에서 추구할 경우 생기는 장점과 단점도 쟁점이 될 수 있다. 앞서 언급했던 교육에 대한 가치를 예로 들자면, 교육의 수월성을 강조할 경우는 지나치게 경쟁적인 사회를 만들 수 있다는 문제점이 생길 수 있지만 국가 경쟁력 확보에 더 용의할 수 있다는 장점이 있다. 반대로 교육의 형평성을 추구할 경우에 따라올 수 있는 장점과 단점도 존재할 것이다. 이와 같이 가치를 선택한 후 현실에 적용했을 때의 결과 역시 토론에서 주요하게 다루어져야 하는 내용이다.

가치토론에서 우리가 다시 살펴보아야 할 내용은 두 가지이다. 첫째, 논제들은 유형에 따라 서로 배타적인 것이 아니라 서로 밀접하게 연관성을 가지고 있다. 가치논제를 토대로 한 논제는 새로운 정책논제로 발전하기도 한다. 둘째, 가치토론의 진정한 목표는 다양한 갈등상황에서 합리적인 판단을 할 수 있고, 가치관의 차이에 대해 수용할 수 있는 태도를 키우는 것이다. 가치논제로 토론을 할 경우 두 가지의 상충하는 가치 중 어느 쪽이 더 합당한 것인가에 대한 논의는 아무리 충분한 근거를 가지고 주장을 하고 반박을 해도 서로의 가치관이 다르다는 사실만 확인한 채 접점을 찾지 못하는 경우도 많다. 따라서 가치토론의 진정한 목적은 서로 다른 가치관을 확인했을 경우, 상대방의 관점을 수용할 수 있는 태도라고 할 수 있다.

■ 다음의 글은 동물실험에 대한 글이다. 아래의 글을 읽고 이 글에 나타나는 가치관에 대해 정리하고 적절한 제목을 붙여보자.

①

인간이 가진 3만여 가지의 질병 중에서 동물과 공유하는 질병은 대략 350여 가지(1.1%)에 불과하기에 동물실험을 이용해서 약품을 생산하는 것이 특별한 도움이 되지 않는다. 실제로 동물실험으로 인한 부작용도 많이 발생했는데, 대표적인 예가 탈리도 마이도로서 동물실험에는 성공했지만, 시판되는 이 약을 복용한 임산부가 기형아를 출산했으며, 콜리오퀴놀의 경우도 동물실험에는 성공했지만 시판되어서 수백 명이 사망하는 결과를 가져왔다. 이외에 오프렌이나 에랄딘 약품의 경우도 있다.

②

동물실험을 대체할 수 있는 여러 대체실험법이 개발되고 있다. 컴퓨터시뮬레이션을 활용한다면 동물실험을 하지 않고도 임상실험을 할 수 있는 방안이 있으며, 인공피부 등을 이용해서 약물의 반응을 추적하는 방법으로 대체재를 통한 연구를 진행하고 있다.

■ 아래의 글은 동물의 권리를 주장하는 글이다. 아래의 글에 나오는 개념들과 가치관 그리고 핵심 논거를 정리해보자.

데카르트 이후로 인간은 동물을 단지 기계적인 존재로 간주하거나 덜 문명화된 저차적인 존재로서 동물을 규정했다. 하지만 최근의 동물행동학의 연구들은 동물종들이 인간 못지않게 자신들만의 소통의 방식이 있으며 그들도 사회를 이루고 도구를 다루는 것에 있어서 지능을 사용한다는 것을 알려주고 있다. 또한 동물들과 고통과 쾌락을 느낄 수 있기에 의학적 목적에서건, 산업적 목적에서건 동물실험을 하는 것은 분명 동물을 학대하는 행위이다. 특히 인간이 아닌 다른 종인 동물에게 고통을 주는 것이 도덕적으로 정당화될 수 없다는 것이 피터싱어에 의해서 주장되었다. 그에 따르면 도덕은 도덕법칙이 아니라 고통을 감소시키고 쾌락을 증대시키는 것이다. 인간은 자신의 쾌락, 즉 건강이나 질병의 퇴치를 위해서 다른 종의 불쾌를 증대하는 것이 당연하다고 생각한다.

하지만 인간종 외부에서 볼 때, 이런 인간중심주의적인 생각이 당연시되기는 힘들다. 인간이 자신의 쾌락의 증대를 위해서 다른 종의 쾌락을 무시하는 것은 인간종이 다른 종에 비해서 우위에 있다는 것인데, 이는 인종차별주의자들이 인종적 우월의식에 기반해서 다른 인종을 무시하고 차별하는 것과 다를 바 없다. 이 때문에 피터싱어는 인간종의 우월을 절대적인 믿음으로 신뢰하는 것을 비판하기 위해서 종차별주의(speciesism)라는 말을 사용한다. 이런 피터 싱어의 입장은 공리주의적 입장에서 동물실험자체를 부정하기보다는 그것이 전체복지의 감소를 초래하는 상황을 문제 삼는다. 따라서 동물에 대한 충분한 배려하고 연구윤리의 의무를 지키는 가운데서 행하는 동물실험이 전체적인 복지를 증대시킬 수 있다면 부분적인 동물실험도 허용될 수 있다는 입장이다.

① 개념정의

② 동물의 권리를 주장하는 논거

■ 명확히 가치관의 대립을 볼 수 있는 소년법에 대한 논쟁을 살펴보자. 다음의 논쟁에서는 청소년 범죄와 처벌에 대한 논거는 무엇인가를 찾아보자.

> 2019년도에 초등학교 여학생을 성폭력한 혐의로 11명의 중고등학생들이 붙잡히는 일이 있었습니다. 2020년도에는 N번방 사건에 고등학생이 가담하는 사건이 있었습니다. 잊혀질만하면 일어나는 청소년범죄를 보면서 이제 더 이상 청소년들도 보호의 대상이 아니라 강력범죄의 가해자의 위치에 있다는 것을 알 수 있습니다. 조직폭력범들이나 할 수 있는 강력범죄의 잔혹한 범죄수법들을 나이 어린 청소년들이 동년배나 더 어린아이들에게 가하는 것을 보면서 좀 더 확실한 처벌의 필요성을 느끼게 되었습니다.
>
> 현재 소년법은 반사회성이 있는 소년에 대해 건전하게 성장하는 것을 돕기 위해서 품행 교정을 목적으로 하여 보호처분 및 형사처분과 같은 특별조치를 할 수있다라고 명문화하고 있으며, 19세 미만의 자를 소년이라 하여 그 대상으로 하고 있습니다. 이런 법률의 취지와 달리 강력범죄를 저지른 청소년들은 오히려 소년법으로 인해서 보호처분을 받거나 범죄의 위중와 무관하게 성인에 비해 낮은 형량을 받아 왔습니다. 특히 만 10세부터 14세까지는 촉법소년이라 부르는데, 촉법소년은 '법에 저촉되는 소년'을 뜻한다. 이들 촉법소년의 재판은 형사법정이 아닌 소년법정에서 이뤄지고 촉법소년에 속하는 범죄자들은 보호처분 수준의 처벌만을 받게 됩니다. 무엇보다 촉법소년은 보호조치로 끝나기에 전과기록이 남지 않습니다. 이런 이유로 소년법은 명백한 범죄의 결과에 대한 의식이 있고, 흉악한 범죄를 저지른 범인에게도 경미한 처벌을 적용하기에 이들의 범죄행위를 명확히 자각하지 못하는 문제점이 있습니다. 또한 이런 소년법의 보호로 인해 가해자가 저지른 범죄에 상응하는 적절한 처벌을 받지 않게 된다면 피해자는 이중의 폭력을 당하는 꼴이 될 것입니다. 이런 이유로 해서 이미 2020년도 1월 교육부는 학교폭력의 방지차원에서 촉법소년의 나이를 만 13세로 낮추는 계획을 발표했습니다. 실제로 청소년범죄는 해마다 늘어나는 추세(2016년도 대비 2018년도에 1400여건이 증가함)이기에 범죄현실을 고려하여 처벌이 더욱 강화될 필요가 있습니다.

하지만 이런 처벌의 강화에 대해서 일부에서는 처벌만이 능사는 아니라는 주장도 있습니다. 처벌강화가 과연 청소년 범죄율을 낮추는 데 효과적인 조치라는 것에 의문을 표합니다. 오히려 이런 입장을 주장하는 사람들은 범죄를 저지를 청소년들을 교화하거나 범죄에 많이 노출되는 특정한 사회계층에 속한 청소년들에게 교육과 복지등을 통해서 미연에 방지하는 것이 중요하다고 주장합니다. 특히 청소년들은 행동통제능력이나 책임의식이 성인만큼 성숙하지 않기에, 이들은 청소년 관리에 대한 사회의 책임을 강조합니다.

* 소년법의 정의

①

②

③

* 소년법 개정의 필요성

①

②

③

* 소년법 개정의 문제점

①

②

③

* 소년법을 찬성/반대하는 입장의 명시적 가치관을 적고 교재에 나온 논거외의 각각의 입장을 옹호하는 논거들을 제시해보자.

①

②

③

* 위에서 논의된 소년법과 관련된 가치관과 논거들을 기반으로 아래의 토론에 대한 입장글을 적어보자.

<table>
<tr><th colspan="2">소년법 폐지는 필요한가?</th></tr>
<tr><th>찬성</th><th>반대</th></tr>
<tr><td>소년법의 정의
소년법개정의 배경</td><td>소년법의 정의
소년법개정의 배경</td></tr>
<tr><td>소년법개정에 전제된 가치관

1.

2.

3.</td><td>소년법개정반대에 전제된 가치관

1.

2.

3.</td></tr>
</table>

소년법개정의 필요성	소년법개정반대의 요구
1.	1.
2.	2.
3.	3.

(3) 정책논제

정책논제는 논제의 3가지 유형 중에서 가장 복합적이면서 현실적인 유형이라고 할 수 있다. 정책논제는 어떤 정책을 할 것인가, 말 것인가의 실행여부를 놓고 접근하는 유형의 논제이다. 정책(policy)은 정부나 정치단체, 개인 등이 정치적인 목적을 실현하거나 사회적인 문제를 해결하기 위해 취하는 방침이나 수단을 의미한다. 찬성 측은 "x라는 정책이 도입되어야 한다.", 반대 측은 "x라는 정책이 도입되어서는 안 된다."와 같은 주장을 펼치게 된다. 흔히 우리는 이와 같은 정책논제들을 일상생활이나 신문사설 등을 통해서 접할 수 있다. 예를 들면 2019년 말에 최종적으로 결정된 자사고 특목고 폐지 결정이 대표적인 정책논제라고 할 수 있다.

정책논제에서 보편적으로 나타나는 쟁점은 개념정의, 변화의 필요성, 방안의 현실성 및 해결가능성, 그리고 방안의 비용 대비 효과이다.

다른 논제들과 마찬가지로 정책논제 역시 논제의 핵심용어와 주요 개념에 대한 정의를 내리고, 그 범위를 명확하게 지정하여 토론을 시작하는 것이 필요하다. 대체로 공식적인 정책들의 경우는 이미 사회적으로 그 개념이 충분히 정의가 된 경우가 많다. 따라서 이미 명확히 정의가 결정된 정책들의 경우는 일반적으로 논의되는 정의를 따르며, 그렇지 않은 경우에는 보다 명확하게 정책의 정의를 내릴 필요가 있다.

정책논제에서 가장 중요한 부분은 현재 상황에 대한 문제 제기이다. 현재 상황이 아무런 문제가 없다면 사실 정책에 대한 찬반여부를 논의하는 것이 무의미하기 때문이다. 따라서 정책 도입을 긍정적으로 생각하는 측에서는 현상 및 정책 현황이 가지고 있는 문제점과 개선점을 점검하며 정말로 현재 상황으로부터의 변화가 필요한지를 이야기하는데 초점을 맞춰야 한다. 기존 정책으로부터의 변화를 요구하는 경우에는 해당 정책이나 현재의 상황이 여러 가지 불합리함이나 문제점을 가지고 있다는 점을 입증해야 하며, 반대로 기존 정책으로부터의 변화나 새로운 정책 도입에 대해 반대하는 입장에서는, 거론되고 있는 문제가 생각보다 심각하지 않다는 점을 집중적으로 이야기해야 한다.

예를 들어 '특목고는 폐지되어야 한다.'는 주장에 관해 찬성 측은 특목고가 가진 문제를 제시하면서 이대로라면 여러 가지 부작용을 발생할 수 있기 때문에 제도가 변화해야 한다고 주장할 수 있다.

> 특목고 학생들은 이미 치열한 경쟁의 과정을 거쳐 우수한 자질을 지니고 있음이 입증되었으므로 이들에게 더 많은 기회를 주는 것이 대학과 사회 모두에게 유용하다는 것이다. 이에 더해 차마 명시적으로 표현하지는 못하지만 특목고 출신 학생들의 가정배경이 탁월한 경쟁력을 지니고 있다는 점도 고려된다고들 한다. 그런데 과연 이러한 단순 논법이 실질적으로 얼마나 타당한 논거를 가지고 있을까?

특목고의 형성과 팽창 과정은 두가지 요소의 결합을 통해 이루어졌다. 우선 평준화 도입 초기부터 예외적 조치를 통해서라도 차별적인 교육기회를 만들어 내려는 욕구가 강하게 있었다. 이것이 특목고 도입의 원동력이라고 할 수 있는데, 이런 동력에 형태를 부여해주는 동시에 평준화 기조를 우회할 수 있게 해준 것이 '영재교육' 담론이었다. 따라서 특목고가 처음부터 가면이나 다름없던 법령상의 목적인 영재교육을 무시하고 그것의 진짜 목적인 성적 우수자 선발과 명문대학 진학에 몰두한 것은 예정된 행로였다.

특목고의 존재는 성적 경쟁에만 몰두하는 퇴행적인 교육방식을 강화시켜 지식기반사회 등 새로운 사회에 대비한 교육의 발전에 심대한 해악을 끼치고 있다.

자료: 이종태, 특목고가 폐지되어야 하는 이유. 창비 주간논평 2007. 04.24

무려 13년이나 지난 논평임에도 현재 진행되고 있는 현실문제와 밀접하게 닿아있는 이 예시는 고등학교 교육제도 '변화의 필요성'을 잘 드러내고 있다. 이와 같이 변화의 필요성에 대한 주장을 하기 위해서는 문제점을 제시하면서 새로운 정책의 도입(혹은 폐지)을 해야 하는 이유를 역설해야 한다.

* 변화의 필요성

①

②

③

* 가능한 새로운 정책

①

②

③

현재의 상황을 개선해야 하는가에 대한 논의에서 중요한 또 하나의 쟁점은 주제로 다루고 있는 방안이 과연 현실성이 있는지에 대한 문제이다. 아무리 좋은 정책이라도 실현 가능성이 희박하다면 논의할 가치가 낮기 때문이다.

다음의 예시를 보자.

> 모든 사람들이 미세먼지에 대한 문제가 심각하다는 것을 인지하고 있지만, 자동차 2부제의 상시적인 운영과 디젤차 운행 전면금지와 같은 정책의 경우는 과연 현실적으로 가능한지, 그리고 이와 같은 정책을 통해서 미세먼지 문제를 해결할 수 있을지에 대해서는 찬성 측과 반대 측의 주요한 쟁점사항 중 하나가 될 수 있다.

* 실현가능성이 희박한 이유

①

②

③

우리시대의 중요한 이슈 중의 하나인 기본소득의 문제에 대해 살펴보자.

> 기본소득에 대한 정의는 다양하나, 전 세계적으로 기본소득 도입 운동을 전개하고 있는 '기본소득 지구네트워크'(BIEN: Basic Income Earth Network)의 정의가 일반적으로 받아들여진다. 이들에 따르면, 기본소득은 "소득 및 자산 그리고 노동시장 참여 여부와 상관없이 모든 국민을 대상으로 일정한 금액의 현금을 정기적으로 개인에게 지급되는 것"으로 정의된다.(p. 48)(중략)
>
> 노동당과 녹색당이 지난 2016년 총선에서 모든 국민에게 월 30만원(또는 40만원)짜리 기본소득 도입을 약속했다. 그러나 사회적으로 큰 반향을 일으키지는 못했다. 정치적으로 주목을 받은 것은 민주당의 유력한 대선 후보 중 하나였던 이재명 성남시장의 기본소득 공약이다. 이재명 시장의 기본소득제는 특정 집단을 대상으로 한 "생애주기별 기본소득"과 5,000만 전국민을 대상으로 한 "전국민 대상 기본소득"을 공약으로 제시하였다.(p. 52)
>
> 기본소득의 도입 필요성으로, 4차 산업혁명으로 인한 일자리 없는 사회의 도래를 든다. 그러나 일자리 없는 사회의 실제 현실화 가능성 문제를 논외로 하더라도, 일자리 없는 사회가 하루아침에 이루어지는 것은 아니다. 적어도 두 세대 이상을 거쳐야 할 것이다. 이 과도기의 대안으로 기본소득이 적절한가?(p. 61)
>
> 자료: 양재진, 2019. "기본소득은 미래 사회보장의 대안인가?"

* 기본소득 개념의 정의

①

②

③

* 기본소득 개념의 필요성

①

②

③

* 기본소득 개념의 실현가능성

①

②

③

위에서 살펴본 기본소득에 대한 논의를 통해서 양재진(2018)의 경우는 기본소득 정책이 과연 4차 산업혁명의 도래로 인해 예상되는 일자리 변화 및 감소에 대한 효과적인 문제 해결책이 될 수 있는지에 대해 의문을 표하고 있다.

또한 논제에서 제시하고 있는 방안이 현실문제에 대한 해결책이 될 수 있다고 하더라고 이에 투입되는 비용 대비 효과의 측면 역시도 쟁점이 될 수 있다. 예를 들어 2016년 이재명이 제안한 생애주기별 기본소득과 전국민 대상 기본소득 정책을 실현하기 위해서는 매년 각각 28조와 15조 원의 재원이 필요하다. 현실적으로 5000만 국민들에게 월 10만 원씩만 기본소득을 지급하려고 해도 연간 60조 원의 재원이 필요하다. 즉 기본소득이 앞으로 다가올 불안정한 사회에 대한 문제 해결책이 될 수 있을지라도 과연 이 정도의 재원 투입이 가능한지, 그리고 가능하다고 하더라도 이를 통해 얻을 수 있는 효과에 대해서는 논쟁의 여지가 존재한다.

물론 정책에 대해 긍정적으로 생각하는 측에서는 비용의 문제는 상대적으로 축소하고, 실현 가능성에 대해서는 높이 평가할 것이다. 예를 들어 위에서 살펴본 기본소득에 대한 논의의 경우,

> "180조 원이 필요하다. 180조 원은 국민소득의 10%다. 십일조만 내면 기본소득이 가능한 것이다. 마침 우리나라 국민들의 총 조세부담률은 OECD 평균보다 10% 정도 낮으므로, 세금을 OECD 평균 수준으로만 내면 된다. 십일조로 모든 국민의 기본소득을 보장할 수 있으니 참으로 신기한 일이다."
>
> - 강남훈, 2016: 54

라는 식의 평가 역시도 존재한다. 따라서 여러 가지 자료를 종합하여, 비용과 효과, 그리고 실현 가능성 등에 대해 어떤 결론이 적절한지에 대해 논의하는 것이 정책토론의 핵심적인 내용이라고 할 수 있다.

기본소득은 필요한가?	
찬성	반대
기본소득의 정의	기본소득의 정의
기본소득의 필요성 1. 2. 3.	기본소득의 요구들 1. 2. 3.

기본소득의 실현가능성	기본소득의 실현불가능성
1.	1.
2.	2.
3.	3.

(4) 요약

사실논제는 사실의 진위 여부를 다투는 논제이고, 가치논제는 가치관의 차이를 따지는 논제이고, 정책논제는 정책의 실행 방안에 관한 논제다. 우리는 지금까지 세 가지 논제의 유형을 살펴보면서 각 논제의 특징 별로 주요한 쟁점사안을 살펴보았다.

위에서 세 가지 논제를 각각 서술했기 때문에 이 세 가지의 논제들이 서로 관련성이 없다고 생각하기 쉽지만 사실은 그와 반대이다. 하나의 주제를 가지고도 어떤 측면으로 접근하느냐에 따라서 사실논제나 가치논제, 정책논제가 될 수 있다. 아카데믹 토론에서 많이 논의되는 '사형제도'를 생각해보자. 만일 '사형제도는 강력범죄율을 감소시킨다.'는 사실논제에 해당되고 '사형제도는 바람직하다.'는 가치논제, 그리고 '사형제도는 폐지되어야 한다.'라는 논제는 정책명제에 해당한다. 또한 가치논제를 이야기할 때 잠시 언급한 것처럼 가치토론을 통해 추구되는 가치가 정책논제로 변환되기도 하고, 정책에 대한 토론에서 가치에 대한 판단과 사실에 대한 여부가 동시에 거론되는 경우도 있다.

2) 토론의 논제는 어떠해야 하는가?

토론은 상대방이 존재하는 활동이며 따라서 찬성 측, 그리고 반대 측의 토론자가 있어야 한다. 하지만 가장 중요한 것은 토론의 주제, 즉 논제이다. 좋은 토론논제는 내용과 양식 측면에서 모두 적절해야만 토론자 및 청중들에게 혼란을 주지 않아 토론이 원활이 진행될 수 있다.

우선 주제에 따라서 토론이 더 적합한 경우, 그리고 토의가 더 적합한 경우에 대해 생각해보자. 앞서 토론의 경우는 찬성과 반대의 입장이 드러나는 논제에 대해 이루어지고, 토의는 다양한 아이디어를 공유하고 그 과정에서 더 나은 답을 찾아가는 과정이라고 설명하였다. 따라서 토의는 다양한 대안이 논의될 수 있는 주제에 대해 이루어진다(양현모 외, 2019: 18). 예를 들어 "한국정치, 무엇을 바꿔야 하나?"와 같은 주제는 다양한 해법에 대한 제시가 가능하므로 토의에 적합한 주제라고 할 수 있다. 반면 우리가 최근에 흔히 접하고 있는 원자력발전소에 대한 문제를 생각해보자. 탈원전 정책은 신규원전 건설계획 백지화, 노후원전 수명연장 중단, 월성 1호기 폐쇄 및 신고리 5, 6호기 공사 중단 등의 내용과 함께 국내 전력생산에서 원전이 차지하는 비율을 2030년까지 30%에서 18%로 낮추고 신재생 에너지가 차지하는 비율을 5%에서 20%로 높이고자 하는 정책이다. 이러한 정부의 장기적 에너지 수급계획 방향의 전환에 대해서는 여전히 다양한 입장이 서로 대립하고 있는 실정이다. 따라서 "탈원전 정책을 계속 진행해야 한다."와 같은 경우는 찬성과 반대의 입장이 명확하게 나눠질 수 있으므로 토론의 논제로 적절하다.

또한 토론의 주제는 하나의 중심적인 논제로 명시되어야 하며, 공정해야 한다. 여기서 말하는 중심적인 논제로 명시되어야 한다는 것은 ① 한 가지 이상의 쟁점을 포함하고 있는 논제는 피한다, ② 구체적인 용어 선택을 통해 논제의 범위를 좁힌다는 의미이다. 지나치게 포괄적이거나 반대로 지나치게 협소한 주제의 경우는 토론이 제대로 이뤄지기 어렵다. 예를 들어 "인간 복제를 허용해야 한다."는 표현은 "인간 배아복제를 허용해야 한다."로 한정해야 하며, "안락사를 허용해야 한다."라는 주제는 지나치게 범위가 넓기 때문에 '존엄적 안락사를 허용해야 한다.' 등의 주제로 범위를 좁혀서 토론해야 한다.

토론 논제에는 편견이나 선입견이 개입되어 있으면 안 된다. 토론은 찬성 측과 반대 측이 첨예하게 대립하여 서로를 설득하는 과정이기 때문에 논제에 특정 입장이 대변되어 있으면 안 된다는 것이다. 찬/반 어느 한 쪽에 더 유리하게 작용할 수 있는 정서적인 표현이 담긴 용어는 논제에서 배제되어야 한다. 논제에 목적이 포함되어서도 안 된다. 예를 들어 "잔인한(혹은 야만적인) 동물실험은 금지되어야 한다."라는 문장과 "동물실험은 금지되어야 한다."는 문장은 명백하게 차이가 있다. '잔인한'이라는 용어가 이미 찬성 측에 유리하게 작용할 수 있는 표현이기 때문이다. 토론의 논제가 공정해야 한다는 것은 찬/반이 팽팽히 맞설 수 있을만한 주제여야 한다는 의미이다.

좋은 토론주제란?

1) 쟁점이 뚜렷해야 한다. 즉 찬반 입장의 분명한 대립축이 담겨 있어야 한다.
2) 명료해야 한다. 즉 지나치게 포괄적이거나 반대로 너무 협소한 주제는 피해야 한다.
3) 찬성 측 입장이 반영된 긍정문으로 제시되어야 한다.
4) 논제 안에 토론을 시작하기 전부터 찬성과 반대 중 한 쪽 입장에 치우치는 표현이 들어가면 안 된다.
5) 시의성을 지니고 있어야 한다. 즉 토론 참여자와 청중들이 모두 충분한 관심을 가질만한 주제여야 한다.

4
토론 발언의 유형

토론자가 토론에서 하는 말을 나누어보면 크게 입론, 교차조사, 반론으로 나눌 수 있다. 아래에서는 이와 같은 발언유형이 무엇인지를 살펴보고 실제 예시를 통해서 각각의 발언유형이 어떠한 내용을 담고 있는지를 확인해보자.

1) 입론

입론(入論)의 한자를 살펴보면 '들 입'자가 아닌 무언가를 세운다는 뜻을 가진 '설 립'자임을 확인할 수 있다. 한자어를 통해 확인할 수 있는 것처럼 입론은 이야기의 토대가 되며 앞으로 해야 할 토론의 기본골격에 해당된다.

입론은 "논제에 대한 자신의 주장과 근거를 제시하여 그 주장을 정당화하는 과정"이며 토론의 맨 첫 발언에 해당한다. '정해진 논제에 대해 자기팀의 생각을 말한다.'는 의미에서 발제라고 표현하기도 하며, 입론에서 펼쳐진 논점을 토대로 토론이 진행되기 때문에 토론자의 입장이 충분히 드러나야 하며, 이런 이유로 입론을 입장표명이라고도 한다. 입론은 사전 조사를 통해서 수집하고 정리한 자료들을 이용하여 배경, 주장, 근거를 만들어나가는 과정이다. 전쟁에 대한 비유하자면 입론은 방어용 성벽을 쌓는 것과 유사한 과정이라고 할 수 있다.

입론에 포함되어야 하는 내용을 조금 더 자세히 알아보자.

첫째, 입론에는 논제에 관한 토론자의 찬성, 반대 여부가 명백하게 제시되어야 한다. 토론은 (어떤 논제에 대해) 한 가지 정답 대신 가능한 여러 가지 해결책, 특히 상반된 두 가지 모순적인 해결책 중에 어느 한 가지를 선택해야 하는 경우 그 문제의 근원을 깊이 파고들어간 후 최선의 의사결정을 하고자 하는 말하기이다. 따라서 입론을 통해서 토론자는 자신의 견해를 명확히 밝힐 필요가 있다.

둘째, 입론을 통해서 논제의 배경이 제시되어야 하고 용어에 대한 명확한 정의가 내려져야 한다. 토론자는 입론을 통해 이 논제를 토론해야 할 이유에 대해 납득할 수 있도록 소개를 할 필요가 있다. 이는 논제의 배경과 연결되어 있다. 사회적으로 별다른 문제가 제기되지 않는 문제에 대해서는 토론을 할 가치와 필요성이 상대적으로 적다고 느껴질 수밖에 없다. 따라서 배경제시를 통해서 현재 다루고 있는 논제가 토론할 만한 가치와 필요성이 있다는 것을 보여주어야 한다. 입론을 통해서 배경을 제시하는 이유는 청중으로 하여금 논제의 배경과 필요성을 공감하게 만듦으로서 자신의 입장을 강화하고자 하는 것이다(양현모 외, 2019: 156). 또한 용어에 대한 정의가 필요한 이유는 일상적으로 사용되고 있는 용어라 하더라도 어떤 방식으로 해석되느냐에 따라 논제가 완전히 다르게 이해될 수 있기 때문이다. 예를 들어 우리가 일상적으로 사용하는 '교육비'라는 단어가 공교육에 투입이 되는 국가의 예산과 가계의 비용인지, 아니면 흔히 말하는 사교육에 소요되는 비용까지를 포함하는지에 따라서 토론의 방향이 달라질 수 있다. 또 다른 예시로는 매해 겨울마다 대두되는 "산천어 축제가 과연 괜찮은 것인지"에 대한 논의에서 산천어를 동물로 볼 것이냐 아니냐에 따라서 동물학대죄 적용 가능성이 달라진다는 점을 들 수 있다.

셋째, 토론자가 논제에 대해 제시한 주장을 뒷받침할 수 있는 근거를 제시해야 한다. 앞서 언급한 것처럼 토론의 최종적인 목적은 '설득'이며, 설득을 잘 하기 위해서는 주장이 논리적으로 타당한 것임을 입증하는, 즉 논증하는 방식으로 입론을 제시해야 한다. 토론자는 논제에 대한 자신의 입장을 주장으로 뒷받침하고, 다시 주장은 근거를 통해서 뒷받침되어 자신의 결론이 논리적으로 타당하다는 것을 밝힐 필요가 있다(양현모 외, 2019: 168). 근거의 숫자나 제시방식이 명확히 정해진 것은 아니지만, 주장을 뒷받침하는 근거는 최소한 3~4개 정도 제시해야 알찬 입론이 된다.

입론에 포함되어야 하는 요소들 정리
· 배경제시: 시급성, 중요도, 개선의 필요성 등 · 용어정의: 사전적 용어, 법률적 용어, 전문가 정의 등을 이용. 편의적으로 정의하는 경우도 있음 · 주장과 근거: 주장을 뒷받침 할 수 있는 근거 또는 사례들을 제시 · 기대효과: 토론자의 주장대로 한다면 지금 토론하는 문제를 어떤 식으로 해결할 수 있을 것인지를 보여줌.

■ 예시

아래에서는 "경찰 공권력을 강화해야 한다."라는 논제에 대한 입론 예시를 제시하고자 한다.

논제: 경찰 공권력을 강화해야 한다.
최근(2018년 4월 30일) 광주에서 벌어진 집단 폭행 사건이 전 국민을 분노하게 만들었습니다. 사건 당시 폭력배들이 피해자를 잔인하게 폭행하는데도 출동 경찰이 무기력하게 대응하는 영상이 공개되면서 여론에 불을 붙였습니다. 폭력배들은 경찰 출동 이후에도 폭행을 계속했고, 심지어 경찰을 위협하는 태도를 보였습니다. 경찰이 이런 사건 현장에서 강력하게 대응할 수 있도록 공권력을 강화해야 한다는 목소리도 커지고 있습니다. 이 사건에 대해서는 경찰의 권한을 강화해야 한다는 청와대 국민청원도 제기된 상태입니다. 이 사건 이후 불과 2개월 후에는 경북 영양군에서 난동을 부리는 40대 남성이 휘두르는 흉기에 경찰관 한 명이 순직하기도 하였습니다. 이와 같은 상황을 고려해 볼 때 경찰 공권력 강화에 대한 제고가 필요하다고 생각됩니다. 저는 최근 일어난 여러 가지 사건들을 고려할 때, 경찰의 공권력 강화가 필요하다고 주장하고자 합니다. 특히 경찰의 존재이유는 국민 보호에 있는데, 현재와 같은 상황에서 경찰이 과연 국민들을 제대로 보호할 수 있을지 의구심이 들 수밖에 없습니다(배경).

위 사례에서는 최근 있었던 실제 사례를 인용하여 범죄현장에서 최근 보이고 있는 경찰의 무기력함을 토론의 배경으로 제시하고 있다. 이와 같은 배경설명을 통해서 토론자는 이 논제에 대한 토론이 필요함을 역설하고 있으며, 또한 이를 듣게 된 청중들은 경찰의 공권력과 관련해서 현실적으로 어떤 문제점이 있는지에 대해서 상기할 수 있는 계기를 가지게 된다.

> 사회학자 베버(M.Weber)에 따르면 국가란 일정 영토 내에서 물리력을 단독으로, 그리고 합법적으로 사용할 수 있게 되는 상황의 발현에 성공한 인간의 무리라고 정의할 수 있습니다. 즉 국가는 폭력을 독점한 집단이며 이와 같은 독점을 바탕으로 하여 우월한 의사의 주체로서 국민에 대하여 명령, 또는 강제를 할 수 있는 권력이 공권력이라고 할 수 있습니다. 따라서 공권력을 강화한다고 하는 것은 국가의 강제력과 명령 실행력을 강화하는 것이라고 할 수 있습니다. 공권력을 발휘할 수 있는 국가기관으로는 여러 곳이 있기 때문에 본 논의에서는 경찰이 사용하는 공권력으로 그 범위를 한정하고자 합니다.
>
> 여기서 중요한 것은 폭력의 독점이 비합법적이거나 통치자의 독단에 의해 일어나는 것이 더 이상은 아니라는 점입니다. 민주주의 국가에서 행정부는 국민들의 권력 양도에 의해 구성되고, 경찰과 같은 제도는 이 사회를 유지하기 위해 존재합니다. 즉, 우리는 암묵적으로 경찰력을 이용하여 우리 사회의 안전과 질서를 유지하는 것에 동의했다는 의미입니다. 따라서 경찰이 위와 같은 상황에서 제대로 대처하지 못하는 경우가 빈번히 발생하는 것은 국민들의 동의가 위협받고 있는 상황이라고도 할 수 있습니다. 저는 다음과 같은 이유로 경찰 공권력 강화가 필요하다고 생각합니다. 첫째, ... 둘째로, ... 셋째로 ~ 하다는 점을 들어서 주장하도록 하겠습니다(정의와 주장).

앞서 최근 일어났던 여러 가지 사건사고들을 통해서 경찰 공권력에 대한 제고가 필요하다는 배경을 제시했다면, 배경을 제시하고 난 이후 토론의 논제에서 중요한 역할을 차지하는 "공권력"이라는 용어에 대한 정의가 이루어져야 한다. 그리고 주장들의 경우에는 청중들이 쉽게 주장들을 떠올릴 수 있도록 서수나 관점 표현 등을 사용하였다.

첫째, 반드시 필요한 경우는 개인의 자유가 제한되어야 한다 둘째, 현장에서 많은 경찰들이 피해를 입고 있다. 셋째, 공무집행 중 일어나는 문제로 경찰들이 소송을 당하는 경우가 많아, 경찰들이 소극적이 되는 경우가 많다. 넷째, 전 세계적으로 보아도 우리나라 경찰의 공권력이나 진압정도는 약한 편에 속한다.	1. 헌법에서 개인의 자유를 보장하고 있지만, 공공복리, 질서유지 등과 같이 사회의 유지를 위해 반드시 필요한 것들을 위하여 제한이 가능하다고 명시되어 있음. 2. 2013-2017년간 출동한 사고현장에서 용의자 등으로부터 공격당한 경찰은 2443명. 이 가운데 76명 순직 3. 자기방어를 하는 경우도 과잉진압으로 판정되어 소송에 시달리는 경우 제시(2017년 연신내 지구대 소속 경찰관이 취객 제압과정에서 가벼운 상처를 입혀 특가법상 독직폭행 혐의와 수억 원의 손해배상 소송을 당함). 소송에 휘말리는 경우도 사비를 들여 해결해야 하는 것이 현재의 관행 4. 미국 경찰이 범법자를 검거하다가 다치게 해도 책임지는 경우가 거의 없고 정해진 규칙을 넘어서는 경우에는 강하게 제재를 가함.

위 표는 논제에 대한 찬성 측 주장과 이를 뒷받침할 수 있는 근거들을 간략하게 나열한 것이다. 토론자는 사전조사 단계를 통해서 수집한 자료를 바탕으로 하여 주장에 대한 근거를 제시함으로써 설득력을 확보할 수 있어야 한다.

2) 교차조사

교차조사는 문자 그대로 상대방 토론자의 의견을 검증하고 논리적인 오류를 찾아내는 과정이며, 이를 통해서 토론의 흐름을 주도할 수 있는 중요한 과정이다. 교차조사에서 상대방의 입론을 비판적으로 듣고, 이를 분석한 후 상대방이 제시한 근거와 논거들의 타당성을 따져볼 수 있다. 앞서 사용한 전쟁의 유비를 다시 사용한다면, 교차조사는 상대방이 쌓은 성벽을 두들겨보는 과정에 해당한다.

교차조사를 통해서 기대되는 효과는 다음과 같다. 첫째, 상대방의 주요 주장을 검증하여 토론의 질을 향상시킬 수 있다. 둘째, 만일 자신이 활용한 근거나 논거에 대한 상대방의 인정을 얻어낼 수 있다면 토론자의 주장을 강화할 수 있는 기회가 된다. 셋째, 교차조사를 통해서 상대측이 논점을 일탈하는 것을 방지할 수 있기 때문에, 토론이 논제에서 벗어나는 것을 막아줄 수 있다(양현모 외, 2019).

교차조사를 하는데 있어 몇 가지의 주의사항이 있는데 우선 상대방이 발언한 내용에 대해서만 질문을 해야 하며 단순히 상대방의 입장을 다시 확인하는 질문, 그리고 개방형 질문은 가급적이면 피하는 것이 좋다. 개방형 질문은 상대방으로 하여금 자신의 주장을 다시 한 번 청중에게 드러내는 기회를 제공할 가능성이 있기 때문이다.

반대로 교차조사를 받는, 즉 질문을 받는 입장에서 염두에 두어야 할 점도 있다. 상대방의 질문에 대해 답변을 할 때는 본인이 제시한 입론에 바탕을 두고 답변을 제시해야 한다. 또한 상대방의 질문에 대해서 최대한 성실하게 대답할 필요가 있다.

교차조사 시 질문을 하는 쪽이나 답변을 하는 쪽 모두 예의 있는 태도를 지켜야 한다. 교차조사는 상대방의 오류를 찾고 토론의 흐름을 자기 편으로 가져오는 활동이기 때문에 이 과정에서 감정이 격해지거나 청중으로 하여금 지나치게 공격적인 태도를 보이고 있다는 인상을 줄 수도 있다. 이와 같은 인상을 준다면 오히려 청중들에 대한 토론자의 설득력을 낮추는 부정적인 효과가 나타날 수 있음을 유의해야 한다.

교차조사에 포함되어야 하는 요소들
상대방의 주장이나 표현의 모순점
상대 주장의 논거와 증거에 대한 질문들: 논거 존재여부, 논거의 타당성, 자료의 신빙성
상대 주장의 객관성에 대한 질문: 비판적 사고의 9가지 기준을 참고하여 질문
예의바른 태도
(답변) 철저히 자신의 논지를 견지
질문의 의미를 간단히 언급하여 자신의 논지를 한 번 더 강조

출처: 한상철, 2006. 황혜영, 2011: 131-2에서 변용 후 재인용

위 경찰 공권력 강화에 대한 주장에 대해 다음과 같은 지점에서 교차조사를 할 수 있다.

반대 측	찬성 측 토론자께서는 경찰의 공권력 강화 필요성을 말씀하시면서, 현재 현장에서 많은 경찰들이 피해를 입고 있다고 하셨지요?(상대방의 주장과 근거를 확인함)
찬성 측	예, 맞습니다. 2016년의 경우 특수공무집행방해로 검거된 인원은 931명에 육박합니다.
반대 측	그렇다면 경찰의 과도한 공권력 행사로 인해서 발생하는 사망사고의 사례 역시도 자주 발생한다는 점을 알고 계십니까?

찬성 측은 논증의 과정에서 경찰이 입게 되는 피해사례에 대해서만 명시하고 반대로 공권력의 남용으로 인해서 피해를 보게 된 사례에 대해서는 주의를 기울이지 않고 있다. 예를 들어 2017년 백남기 사건의 경우는 대표적인 경찰 공권력 남용의 사례로 지적할 수 있다. 또한 특수공무집행방해로 검거되는 인원이 늘어나게 된 이유는 실제로 경찰의 공권력 집행을 방해하는 사례가 늘어나서라기보다는 특수공무집행방해에 대한 정의 및 경찰의 대응방식이 변화했기 때문일 수 있다. 이와 같은 문제점들을 교차조사를 통해서 밝혀냄으로써 상대방의 주장을 검증할 수 있다.

반대 측	찬성 측 토론자께서는 현재 한국경찰의 공권력이 다른 나라에 비해서 대단히 약한 편이라고 주장하셨지요?
찬성 측	예, 맞습니다.
반대 측	하지만 미국이나 호주 같은 국가에서도 테이저건이나 총기 사용 등의 문제로 인해서 공권력 남용의 문제가 심각하게 제기되고 있다는 점에 대해서는 알고 계십니까? 또한 한국 경찰의 공권력이 다른 나라의 경찰공권력에 비해 얼마나 약한지 정확한 근거를 제시하실 수 있는지요?

위에서 제시한 가상의 교차조사에서 반대 측은 찬성 측 네 번째 주장에 대한 부분, 즉 다른 국가의 경찰 공권력에 비해 한국의 경찰공권력이 상대적으로 약한 편이라는 근거에 대해 명확한 수치나 자료를 요구하고 있다. 또한 반대 측에서는 한국의 역사적인 특수성, 즉 과거 독재정권 시절 경찰의 공권력이 너무나 강해서 생겼던 여러 가지 문제들, 그리고 이 때문에 다른 국가들에 비해 공권력에 대한 신뢰나 정당성의 정도가 낮다는 점에 대해서도 질문할 수 있다.

3) 반론 및 최종발언

반론은 상대방 주장의 모순점과 허점을 보여주면서 자신의 주장을 다시 강화하기 위한 순서이다. 즉, 반론은 이미 양측의 입론과 교차조사를 거친 후 상대방이 제기한 문제점들을 깊이 파헤쳐서 드러내 보이거나 자기 팀의 입론에 대해 상대방이 공격한 부분에 대해 상세하게 해명하면서 자신의 입장의 타당성을 보여주는 발언이다(황혜영, 2011: 141). 전쟁에 비유하자면 이는 상대팀이 세운 성벽을 허물어뜨리는 과정에 해당한다. 입론과는 달리 상대방의 입론과 교차조사를 반론의 대상으로 하기 때문에 순간적인 판단력과 순발력을 필요로 하는 과정이며, 토론을 역동적이고 흥미있게 만들어주는 핵심적인 요소라고 할 수 있다.

반론을 함에 있어 주의할 점은, 반론 부분은 지금까지 논의하지 않은 주장을 새롭게 제시하는 부분이 아니라 자신의 입장이 더 설득력이 있음을 주장하기 위해 앞에서 다룬 내용들을 요약하고 자신의 입장을 보다 선명하게 부각시키기 위한 과정이라는 점이다. 따라서 토론자는 토론 진행 중의 쟁점을 중심으로 정리하며 상대의 대처가 미흡했던 부분을 다시 한 번 강조하는 것이 필요하다. 그리고 토론 전체를 마무리하는 과정에서 청중을 향해 설득할 수 있는 기회이기 때문에 토론자는 자신이 하고자 했던 주장, 그리고 그 주장을 뒷받침하기 위해 어떤 근거를 사용했었는지를 다시 한 번 상기시킬 필요가 있다.

토론에 있어 청중과 상대편을 설득하기 위해서는 감성적인 측면을 움직이는 것 역시도 중요하다. 따라서 예화나 비유, 인용문을 적절히 활용하여, 청중들이 토론의 전체적인 흐름을 쉽게 이해할 수 있게 하는 동시에 이해하기 강한 인상을 남기면서 공감을 이끌어내는 전략이 필요하다.

반론에 포함되어야 하는 요소들
상대방 주장의 문제점: 상대방이 입론에서 제시한 주장과 근거, 교차조사를 통해 다툰 내용이 대상
자신의 주장을 강화: 앞서 제시한 자신의 주장에 대한 추가적인 근거를 제시하거나 근거를 구체화해서 주장을 반복
상대방 주장이나 근거의 사실성, 주장과 근거 사이의 관련성, 근거 및 사례의 충분성 지적
상대편 주장이 가지고 올 수 있는 부작용 찾기
새로운 대안을 제시함

앞에서 예를 들었던 가상의 교차조사에서 경찰 공권력 찬성 측이 미국이나 호주의 강한 경찰력을 예시로 들고, 우리나라 경찰 공권력도 이와 유사한 수준이 되어야 법질서 유지에 도움이 된다고 주장했다고 가정해보자. 또한 이와 같은 주장에 대해 반대 측이 각 국가별로 공권력이 가진 차이점에 대해 질문을 했다고 가정하자. 이 경우 반대 측은 경찰 공권력의 정당성과 신뢰도, 그리고 공권력의 크기 및 (공권력 집행에 대한) 국민들의 지지 사이의 관계를 주요한 쟁점으로 생각할 수 있다. 따라서 다음과 같은 반론을 펼칠 수 있다.

반대 측	저는 앞선 교차조사를 통해서 국가별로 공권력에 대한 신뢰나 정당성의 정도가 다르다는 점을 말씀드린 바 있습니다. 찬성 측에서는 한국이 다른 국가에 비해 경찰 공권력이 약하다고 주장하였지만, 저희는 공권력의 근본이 되는 신뢰 측면에 있어서 한국은 최하위를 기록하고 있다는 점을 지적하였습니다. 많은 국민들은 경찰이 아직까지는 그다지 믿을만한 기관이 아니라고 생각하고 있습니다. 이같이 경찰에 대한 국민들의 불신을 고려해볼 때, 경찰공권력을 다른 국가의 그것과 유사한 수준으로 맞추기 위해서는 선행조건이 필요하다는 것을 알 수 있습니다.

위 반론을 통해서 찬성 측의 근거는 다른 나라와의 비교이며, 반대 측의 경우는 공권력에 대한 신뢰가 공권력 강화의 선결조건이라고 주장하는 것이 잘 나타나고 있다. 위와 같이 토론의 쟁점 중 하나였던 사안(다른 국가 경찰공권력과의 비교)을 언급하면서, 어떠한 입론과 교차조사가 진행되었는지를 다시 한 번 상기시키면서 자신(반대 측)의 주장과 논거가 설득력이 있었음을 주장할 수 있다.

4) 우리가 토론을 할 때 유의해야 할 점들

앞서 언급한 것처럼 토론 시에 태도는 토론자에 대한 청중의 평가에 많은 영향을 미친다. 토론의 목적이 상대방을 굴복시키는 것이 아니라 상대방과 청중을 향해 자신의 주장의 정당성을 이야기하며 설득하고자 하는 것임을 염두에 두어야 한다. 따라서 상대편에 대해 지나치게 공격적인 자세를 보이는 것은 지양해야 한다.

또한 준비된 발언에 대해 잘 전달될 수 있도록 말하기 연습을 병행하는 것도 필요하다. 특히 본인이 강조하고 싶은 어휘를 말할 때 그 단어에 강세를 주거나 천천히 말하는 등의 방식을 사용해서 청중들이 쉽게 들을 수 있도록 하는 것이 중요하다.

토론을 진행할 때는 항상 여유를 가지고 준비되었다는 인상을 주는 것이 필요하다. 토론을 하는 과정에서 다양한 돌발상황이 발생할 수 있다. 예를 들어 교차조사 과정에서 상호 간에 감정이 격해진다거나, 본인이 전혀 예상하지 못한 질문들을 받을 수도 있다. 이와 같은 상황에서도 침착하고 여유 있는 태도를 유지하고자 노력하는 것이 필요하다. 또한 토론 시에 진솔한 모습을 보여줌으로써 청중들에게 신뢰감을 주는 것도 설득력을 높이는데 필요한 전략이다.

5
토론을 통해 우리가 얻을 수 있는 것들

지금까지 우리는 토론이 무엇인지, 토론과 토의는 어떻게 다른지, 그리고 토론의 논제는 어떤 것이 되어야 하며, 토론이 실제로 어떻게 진행될 수 있는지에 대해서 간략하게 살펴보았다. 그렇다면 도대체 우리가 토론을 통해서 얻을 수 있는 것은 무엇일까? 토론을 통해서 우리는 더 나은 의사결정을 할 수 있고, 역량이라는 측면에서는 비판적 사고, 의사소통능력 함양, 시민성 함양 등을 기대할 수 있다.

우선 토론을 통해서 우리는 특정 사안에 대한 찬성과 반대를 모두 고려해 볼 수 있다. 좋은 의사결정을 위해서는 어떤 결정이 포함하고 있는 장점과 단점을 충분히 고려하는 과정이 중요한데, 토론은 찬성과 반대 의견이 모두 제시되고 있기 때문에 편향될 위험이 적으며, 설득을 위한 과정을 통해서 청중들에게 적절한 정보를 제공할 수 있다(양현모 외, 2019: 20). 즉 토론을 지켜보는 청중의 입장에서는 어떤 사안에 대한 이점과 부작용 등을 다양하게 접할 기회를 얻게 되는 것이며, 토론을 준비하는 입장에서는 어떻게 자신의 입장이 설득력을 지닐 수 있을지를 고민하면서 어떤 결정이 가질 수 있는 장점과 단점을 모두 생각해 볼 수 있게 되는 것이다. 즉, (특정 사안에 대한) 자신의 입장을 합리적으로 결정할 수 있는 능력을 우리는 토론을 통해서 기대할 수 있다.

토론이 비판적 사고와 관련이 있는 이유는 그 준비과정과 실행과정에서 비판적인 읽기와 쓰기, 듣기 능력이 연계되기 때문이다. 토론을 진행하기 위해서는 토론주제에 대한 자료조사가 필수적이다. 토론에 참여하는 사람들은 토론을 위해서 스스로 자료를 찾아보아야 하고 찾은 자료를 자신의 목적에 맞게 분류하고 분석해야만 한다. 토론을 준비하기 위해서는 자신의 입장 뿐 아니라 상대방의 입장을 뒷받침할 수 있는 근거에 대해 공부하며 그 내용에 어떤 문제점이 있는지를 파악해야만 원활한 토론이 진행될 수 있다. 즉 토론 참여자들은 준비과정을 통해서 자료를 '비판적'으로 읽어야 하며 단순히 논쟁에서 그치는 것이 아니라 특정 사안에 대해 대안을 찾아내는 연습까지 해야한다. 그리고 자신이 가진 입장을 뒷받침하기 위한 근거자료를 보다 효과적이고 간결하고 설득력있게 전달하는 방식에 대해 고민하는 과정에서 효과적인 어휘나 구절에 대한 감각을 익힐 수 있다. 또한 토론에서 상대방의 주장을 비판적으로 듣고 상대 논리의 약한 부분이나 오류를 찾아가며 이에 대한 질문이나 반박을 하는 것이 필요하기 때문에 토론은 비판적으로 듣는 방식에 대한 감각을 키워준다고 할 수 있다. 또한 토론이 의사소통 능력과 관계있는 이유는 토론이란 비판적 사고를 바탕으로 한 주장들이 말로 실현되어 타인과 상호작용을 하는 것이기 때문이다. 토론을 통해서 의사소통의 목표, 참여자, 상황, 맥락 등을 고려하여 자신의 의견을 효과적으로 표현할 수 있는 능력이 신장될 수 있으며 의사소통 과정에서 발견할 수 있는 의견의 차이를 인식하고 이를 반영하여 자신의 의사를 표현하는 방법을 배울 수 있다. 결국 토론은 자기 주도적이고 비판적인 관점에서 자신의 입장을 보다 설득력 있게 정리한 후 다른 사람들에게 효과적으로 전달하는 과정이므로 비판적 사고와 의사소통이 연계된 활동이라고 할 수 있다.

비판적 사고와 의사소통 능력의 신장이라는 점 이외에 토론은 민주시민으로서 가져야 할 역량이나 자질 향상과도 밀접한 관련이 있다. 토론은 자신의 견해를 피력하기 위해서 정해진 합리적인 절차와 형식에 따라 이뤄지므로 민주적 의사표현과 의사결정과정 절차를 존중하는 소양의 발달과 밀접한 관련이 있다. 청중과 상대방을 설득하기 위해서는 자신과 다른 입장을 논리적으로 비판할 수 있어야 하는데, 비판은 타인의 주장을 비평하고 판단하는 과정(양현모 외, 2019: 24)이다. 비판을 제대로 하기 위해서는 객관적인 이성과 판단에 기반하여 상대방의 입장을 이해하고, 그 입장이 가질 수 있는 문제점을 지적하는 과정이 필요하다. 즉 토론은 감정적으로 다른 사람이 취하고 있는 입장에 대해 비난하는 것이 주요한 목적이 아니라, 주어진 절차에 맞게 자신의 견해를 피력하고 상대주의 원칙에 따라 다른 견해도 확인하면서 그 입장을 이해하기 위해 노력하거나 보다 나은 방안을 찾아가는 법을 습득하게 하는 도구라 할 수 있다.

또한 대체로 토론의 논제는 적절한 시의성을 가진 경우가 많은데, 이는 토론을 준비하는 과정에서 사회적으로 현안이 되는 사안들에 대해 학습할 수 있는 기회를 가진다는 의미가 되며, 따라서 공동체의 일원으로서 공동체의 현안에 대한 이해를 증진하고 관심의 지평이 넓어질 수 있다는 의미로 해석될 수 있다.

교양교육으로서의 토론교육을 반드시 의사소통능력과 비판적 사고능력, 그리고 민주시민으로서의 자질 함양이라는 두 가지 차원으로 나눌 필요는 없는데, 이 두 가지가 서로 무관한 것은 아니기 때문이다.

> "시민성은 다양한 의견을 잘 듣고 자신의 오류 가능성을 전제로 열린 마음으로 자신의 의견을 기꺼이 교정하거나 비판적이고 합리적인 사고에 의한 주장을 펼침으로써 잘못된 주장을 교정할 수 있는 의사소통능력을 포함한다."
>
> – 박현희, 2018: 71

위 인용문에서 서술하고 있는 것처럼 자기주도적(능동적)으로 현안에 대한 입장을 설정하고 비판적인 관점에서 자신의 견해와 상대방의 견해를 분석, 그리고 이를 타인에게 전달하는 과정은 결국 민주시민으로서의 자질 함양의 중요한 구성요소이다(박현희, 2018). 즉 합리성, 상호존중과 이해 등을 바탕으로 의사소통하면서 찬성과 반대를 통해서 더 나은 의사결정을 할 수 있는 능력은 시민역량으로 보는 것이 타당하다. 개인 내적 차원의 비판적 사고력 범주와 이것이 말로 실현되어 타인과 상호작용하는 단계인 의사소통 능력 범주가 개인의 차원을 넘어서 공동체의 문제를 협력을 통해 해결하는 단계에까지 이르게 된다면(박재현, 2011) 이는 토론교육을 통해서 개인의 내적 발전 뿐 아니라 공동체 수준에서의 발전 역시도 도모하는 것이다. 결론적으로 토론교육의 목표는 비판적사고 증진, 의사소통 능력의 향상과 더불어 민주적 시민성의 함양이라고 할 수 있다.

심의(또는 숙의) 민주주의란?

토론의 중요성을 강조하는 학자들은 앞서 살펴본 것처럼 비판적 사고에 기반한 토론교육은 민주적 시민성 함양, 그리고 민주주의 발전에 기여할 수 있는 것으로 보고 있다. 즉, 심의를 통한 민주주의 발전을 강조하는 심의민주주의로부터 토론교육의 원리를 찾고 있다(박현희, 2018).

많은 철학자나 사회과학자들 중 의사소통의 중요성과 심의민주주의 논의를 시작한 대표적인 학자로는 하버마스(Jürgen Habermas)를 꼽을 수 있다. 그가 제시한 중요한 개념으로 공론장(public sphere), 이상적 대화상황(ideal speech situation), 그리고 심의민주주의를 들 수 있다. 하버마스가 제시한 주장의 핵심은 민주주의의 역동성은 토론적인 정치참여에 있다는 점이다. 즉 폭넓은 토론을 통해서만이 공익을 정의할 수 있고, 따라서 토론이야말로 민주주의 체제의 실질적인 내용이다.

위에서 제시한 공론장이라는 개념은 시민들이 자유, 평등, 비폭력적인 상호작용의 조건 하에서 공통 관심사를 이야기할 수 있는 담론적인 공공영역을 의미한다. 시민들은 공론장에서 순수하게 개인적인 문제들을 넘어서는 사회적이고 공적인 부분을 논의할 수 있다. 공공성을 형성하는데 관심이 있고 국가 혹은 다른 사회조직의 권위나 억압에 대한 이야기가 형성되는 곳이 바로 공론장이라고 할 수 있다.

현대사회가 되면서 이와 같은 공론장이 쇠퇴하고, 개인의 삶에 대한 국가의 개입이 증대되었으며, 정치, 경제, 언론 엘리트들에 의해 조작된 여론만이 남게 되었다고 하버마스는 비판한다. 이러한 상황을 하버마스는 "생활세계의 식민화"라는 개념으로 표현하고 있다.

이와 같은 상황을 벗어나기 위해서 하버마스가 제시한 해결책은 공적인 커뮤니케이션에 기반하여 다시금 공론장을 활성화시키는 것이다. 그에 따르면 언어에 내재된 합리성에 의거하여 왜곡된 소통을 비판할 수 있고, 합리성에 기반한 논의를 통해 합의를 이끌어낼 수 있다. 상호이해를 목표로 비판적이고 자유롭게 의견을 교환하여 공유할 때, 우리는 어떤 공적인 이슈에 대한 담론을 형성할 수 있다는 것이다. 따라서 공정한 의사소통, 모든 공적인 이슈에 대한 합리적이고 열린 토론이 가능한 상황이 바로 하버마스가 이야기하는 이상적 대화상황이라고 할 수 있고, 이러한 대화가 이루어지는 곳이 바로 그가 제시한 공론장이다.

결국 하버마스가 제시한 개념들, 즉 공론장과 이상적 대화상황을 따라가다 보면, 수동적으로 정책을 소비하는 시민이 아니라 공공선이나 민주적 참여에 관심이 있는 능동적 시민이 민주주의에 있어 중요하고 이를 위해서는 공론장에서 합리적인 토론을 통해 도출된 공공선을 추구해야 한다는 결론에 도달할 수 있다. 의사소통을 통한 하나의 타협을 형성한다는 것은 결국 심의(deliberation)를 한다는 것이고, 하버마스는 이를 심의(숙의)민주주의라고 이야기한다. 심의민주주의(또는 숙의 민주주의; deliberative democracy)는 투표나 여론 조사를 통해 일반 시민들의 선호를 간단히 조사하여 그것으로 중요한 의사결정을 내리는 '선호집합 민주주의' 아이디어를 반대하고, 자유롭고 평등하며 열린 토론을 바탕으로 참여의 질을 높여 공공문제 해결을 하는 민주주의의 이상이자 현실적 방법론이다(임동균, 2018:1).

결론적으로 하버마스의 주장을 종합해보면, 개인들이 직접 공공적인 이슈에 대한 의견을 개진하고, 이를 통해서 나오게 된 결론을 통해서 사회가 운영되는 것이 본질적으로 민주적 정당성이 확보되는 방법이라고 할 수 있다. 이 과정에 있어 중요한 것이 바로 자유롭고 평등하고 열린 토론이다. 따라서 토론교육은 능동적이고 민주적인 시민 양성과 보다 정당성을 가진 의사결정을 이상으로 하는 심의 민주주의의 토대라고 할 수 있다.

제8장

토론문 작성하기

1
토론문의 전체 틀 알기

지금껏 토론의 의의와 방법에 대해 살펴보았다면, 이제는 실제적으로 토론문을 작성하는 방법을 살펴보도록 하자. 먼저 주어진 논제에 대해 토론문을 작성할 때 일정한 절차에 따르는 것이 필요한데, 그 순서는 논리적 서술의 순서대로 하는 것이 바람직하다. 우선 논리적 서술은 논제의 확인 및 검토, 논지의 결정, 입론서 작성, 토론문의 완성의 순서를 거치면 된다. 잘 모르는 주제에 대해서는 논제의 확인 과정에서 주요개념들과 문제의 배경에 대해서 자료조사와 정리를 통해서 사전 연구를 선행하는 것이 필요하다.

토론문 작성	1. 예비 과정 ① 논제의 확인 및 검토 ② 논지의 결정 2. 입론서 작성 ① 머리말 적기 ② 논거의 제시 ③ 논거의 검토 ④ 보충 설명을 통한 논거의 강화 ⑤ 맺음말 정리 3. 토론문 완성

2
토론문 작성

논제의 확인부터 토론문의 작성에 이르는 과정까지 완전히 순차적으로는 되지 않지만, 여기서는 가장 표준적인 방식으로 연습을 하도록 하자.

1) 예비 과정

(1) 논제의 확인 및 검토

논제가 제시되면 먼저 논제를 차분히 읽고 검토하여 정확히 문제가 되는 내용과 그 논제에서 중심적으로 논의되는 개념을 파악해야 한다. 논제의 선정취지가 밝혀져 있으면 다행이지만, 그렇지 않은 경우 논제가 문제시되는 배경이나 그것의 의의에 대해 파악하는 것이 우선되어야 한다. 가령 최근에 이슈가 되었던 재난기본소득에 대한 문제를 논제로 다룬다고 해보자. 여기서 다뤄지는 논제가 무엇이며, 그것이 왜 중요한지, 그리고 재난기본소득의 정의는 무엇인지를 이해하는 것이 일차적인 과제이다.

■ **논제: 국가적 재난 상황에서, 국민들에게 재난기본소득을 지불해야하는가?**

이 논제가 다루는 것은 정확히 무엇인가? 논제에서 다루는 세 가지 개념(국가적 재난상황, 재난기본소득, 전 국민)은 서로 어떻게 연결되지? 재난기본소득은 모든 국민들이 받는 것인가? 재난긴급생활비와는 어떻게 다르지? 이 논제를 기본소득과 연결해서 풀어야 하는가? 예산문제나 경제부양등 경제적 문제로 접근해야 할까? 기본생존권보장의 문제로 접근해야 할까? 경제적 관점에서 접근한다면, 재원조달의 문제를 집중적으로 다뤄야 할 것이고, 이후에 경기 부양의 영향 등으로 인한 경제효과와 연결해서 다뤄야 하겠지. 기본생존권보장으로 접근하면, 실직의 위기에 내몰린 저소득층이나 영업을 중단한 자영업자들의 경우 생계가 막막한 경우가 많은 데, 최소한의 생존을 위해서 국가에서 사회보장의 개념으로 접근해야 하겠지.

(2) 논지의 결정

논지를 결정한다는 것은 다른 말로 논제에 대한 자신의 입장을 명확히 표현하는 것을 의미한다. 특히 토론 시에는 한번 정해진 논지에 대해서 이탈을 해서는 안 된다. 보통 논지는 찬성과 반대로 나눠지는데, 논지를 이탈하게 되면 찬성을 주장하면서, 반대를 옹호하는 것과 같게 되어서 결국 자기모순에 빠지게 된다. 논의 결정 후에는 다양한 논거를 통해서 자신의 논지를 강화하도록 해야 한다.

2) 입론서 작성

(1) 머리말 적기

머리말을 작성함에 있어 가장 주의해야 할 것은 논제의 중요성을 부각시켜야 한다는 것이다. 주어진 논제가 어떤 의미에서 중요한 지를 적절히 설명하는 것이 필요하다. 이를 위해서 논제가 발생하게 된 배경, 현재적 의의를 언급해야 한다. 그리고 논지를 명확히 제시하는 것을 잊지 말아야 한다.

논지: 청년실업은 사회의 문제다.
· 청년실업률의 현황과 관련된 통계제시 · 청년실업률의 특징에 대한 설명 · 청년실업은 사회의 문제라는 논지를 명확히 주장

(2) 논거의 제시

논지를 결정한 뒤에 논지를 뒷받침하는 근거들을 제시하는 것이 필요하다. 논거는 논지를 설명하기 위해서 요구는 근거나 이유 등을 말하는데, 이런 논거들이 서로 중첩되지 않고 연관성을 갖는 것이 중요하다.

논거 1	재난기본소득은 실직의 위험에 있는 사람들에게 경제적인 도움을 준다.
논거 2	재난기본소득은 내수경기를 진작하는 데 도움이 된다.
논거 3	재난기본소득은 재난을 당한 시민들에게 심리적 안정감을 준다.

(3) 논거의 검토

논거들을 제시한 뒤에 반드시 논거의 내용을 검토해야 한다. 검토의 사항은 다음과 같다.

논거의 검토 사항	
① 논거의 정확도	논거는 정확히 표현되었는가?
② 논거들 간의 관련성	논거들 간에 충돌이 일어나지 않는가?
③ 논거들의 필요조건	가장 필요한 논거만 열거되었는가?
④ 논거들의 충분조건	논거들이 충분히 열거되어 있는가?
⑤ 논거들 간의 수준의 평준화	각각의 논거들의 수준은 동등한가?

① 논거의 정확성

논거들을 제시하고 나서 각 논거들이 정확하게 표현되었는지 검토를 해야 한다. 부정확한 표현이나 애매한 표현, 과도하게 단정적인 표현등은 논리적 근거로서 적용하는 것에 문제가 있다. 이 때문에 논거는 정확히 개념적으로 규정할 수 있는 표현을 사용해야 한다.

다음의 논거들을 보고서 문제점을 찾아보자.

- 논지: 기본소득은 필요하지 않다.

- 논거 1: 기본소득으로 국민들이 게을러진다.
- 논거 2: 기본소득으로 국가 생산성이 축소될 것이다.
- 논거 3: 기본소득으로 월급쟁이는 더 많은 세금을 내게 될 것이다.

- 문제점:

② 논거의 관련성

논거들은 서로 간에 일관되고 모순되거나 충돌하지 말아야 한다. 논거가 서로 충돌하게 되면, 토론자가 정한 논지의 방향을 상실하게 되어, 정확히 자신의 주장을 알리지 못하게 된다. 이 때문에 세부적으로 충돌하는 논거들의 일관성을 유지하기 위해서 논거의 세부내용들 까지 세심하게 살펴보아야 한다.

다음의 논거들을 보고서 문제점을 찾아보자.

- 논지: 게임셧다운제는 유지되어야 한다.

- 논거 1: 과도한 게임은 성장하는 청소년들의 정신건강에 해롭다.
- 논거 2: 소년법에 제시 된 것처럼 청소년들은 사회의 특별한 보호가 필요한 연령이다.
- 논거 3: 시대와 상황을 고려해서 게임관련 법은 유동적으로 적용되어야 한다.

- 문제점:

③ 논거의 필요조건

한 논제에 대해서 다양한 논거들이 존재할 수 있다. 필요한 논거를 잘 선택하는 것이 중요한데, 무엇보다 가장 관련성이 있거나 중요도에서 제일 우선하는 것을 선택하여 나열하는 것이 좋다. 논거의 내용이 겹치는 논거들은 빼거나 새로운 논거로 교체해야 한다.

다음의 논거들을 보고서 문제점을 찾아보자.

■ 논지: 청년실업은 사회의 문제이다.

■ 논거 1: 청년실업은 산업전반의 자동화로 인해 산업인력의 요구감소와 연결되어 있다.

■ 논거 2: 청년실업은 4차 산업으로 인한 일자리 감소와 연결되어 있다.

■ 논거 3: 청년실업은 대기업중심의 경제구조와 연결되어 있다.

■ 문제점:

④ 논거의 충분조건

논거의 충분조건을 검토하는 것은 개별 논거들을 넘어서 나열된 논거 전체가 하나의 목표, 즉 주장을 충분히 뒷받침하는 가를 살펴보는 것과 같다. 가령 논거들 전부가 옳다고 하더라도 논지가 성립되지 않을 수 있다. 이럴 경우에는 논거들이 충분한지를 살펴보아야 한다. 만일 논거들이 충분하지 않다면, 논거의 일관성을 강화하고 빠진 논거를 보충해야 한다.

다음의 논거들을 보고서 문제점을 찾아보자.

- 논지: 국가폭력은 시민에 의해서 통제되어야 한다.

- 논거 1: 좋은 국가는 자신의 한계를 알고 권력의 균형을 유지하고자 한다.
- 논거 2: 시민참여를 통해서만 국가권력은 통제될 수 있다.
- 논거 3: 국가권력의 통제에 의한 질서보다 시민들의 논쟁이 만들어낸 혼란이 더 유익하다.

- 문제점:

⑤ 논거들 간의 수준의 평준화

제시된 논거들의 위상이 대등소이해야 한다. 어떤 논거가 다른 논거를 포함하거나 하나의 논거가 다른 논거의 하위논거가 되면, 동일한 주된 논거로서 제시될 수 없다.

다음의 논거들을 보고서 문제점을 찾아보자.

- 논지: 국가폭력은 문제이지만 피할 수는 없다.

- 논거 1: 엄격한 질서를 유지하기 위해서 일부의 국민에게 강제력을 발동하는 것이 정당하다.
- 논거 2: 무질서한 국가보다 엄격하더라도 질서 잡힌 국가가 더 바람직하다.
- 논거 3: 소수를 보호하기 위해서 국가의 권력에 불복종하면 사회는 무질서에 빠지게 된다.

- 문제점:

(4) 논거의 강화 및 내용 설명

주요 논거들을 제시한 뒤에 가능한 반박에 대비하거나 자세히 자신의 논거를 설명하기 위해서는 사례를 제시하거나, 논거의 이유나 동기들을 설명함으로써 논증의 설득력을 높일 수 있다.

■ 논지 : 사형제도는 폐지되어야 한다.

■ 논거 1: 판결의 오류가능성을 제거할 수 없다.

■ 논거 2: 형벌의 목적은 범죄자를 교화시켜 범죄를 저지르게 않게 하는 것인데 사형은 이런 형벌의 목적에 부합하지 않다.

■ 논거 3: 사형제도는 실질적으로 강력범죄의 감소에 큰 영향을 주지 않는다.

① 사례제시: 미국의 트로이 데이비스의 경우 살해진범여부가 논쟁 중에 사형 당함

② 가능한 반박에 대한 답변:(반박) 범인들 중에서 교화가 불가능한 사람이 있으며, 형법의 목적중의 하나는 저지른 죄에 적합한 벌을 받는 것이기에 중범죄는 그에 합당한 벌을 받는 것이 필요하다.

(답변) 형벌제도에는 응보론적 관점이 있는 것은 사실이나 응보론을 잘못적용하면 법 밖에서 일어나는 복수와 차이가 없다. 법의 집행은 응보론적인 처벌과 함께 실질적으로 사형이 예방의 효과가 있는 지 살펴보아야 한다.

③ 이유나 원인 및 동기의 설명: 형법에서 예방론은 법적 처벌의 목적이 응보가 아닌 예방의 효과에 달려있다고 보는 관점인데, 사형이 실행된다고 강력범죄가 현격히 줄어들지 않는다면, 사형제를 유지할 근거가 없다.

④ 내용설명: 트로이 데이비스의 경우는 경찰관을 살해한 혐의로 22년간 감옥에서 복역하면서 재판을 받았는데, 목격자 9명중에서 7명이 증언을 번복하였다. 증언에 기반한 판결이 문제가 있었지만, 결국 사형을 당했다. 트로이 데이비스는 자신의 무죄를 끝까지 주장했다. 미국에서 트로이데이비스가 사형선고를 받은 날 이후로 사형언도 이후에 무죄가 선고된 사람이 90명 정도 된다.

■ 문제점:

(5) 맺음말 정리

주어진 논제와 관련해서 본론에서 다뤄진 논거들과 설명들을 어떻게 제시하느냐가 관건이다. 무엇보다 토론에서는 상대방과 청중에게 자신이 제시하는 논거를 명확히 드러내는 것이 중요하기에 가장 단순하면서도 효과적인 방식으로 맺음말을 구성하는 것이 필요하다. 과도하게 본론의 논거를 나열하는 것은 피하고, 주장에 맞게 논거의 내용을 명확히 전달하는 것에 집중해야 한다.

3) 토론문 완성

위 내용들을 바탕으로 아래 제시된 문제에 대해 생각해보고, 토론문을 작성해보자.

<table>
<tr><td>

■ 논제: 청년 실업문제 개인의 문제인가 사회적 문제인가?

■ 논지: 청년실업은 사회의 문제다.

</td></tr>
<tr><td>

■ 머리말

· 청년실업률의 현황과 관련된 통계제시

· 청년실업률의 특징에 대한 설명

· 청년실업은 사회의 문제라는 논지를 명확히 주장

■ 논거 1: 중소기업들의 근로환경과 복지조건 등으로 인해 청년들의 대기업선 호도가 높기에 청년구직자와 일자리공급 사이의 불일치가 발생한다.

· 청년들은 일할의지는 있지만 적절할 일자리를 찾기 힘들다.

· 중소기업의 경우 인력난이 심하지만, 청년들이 복지나 근로환경에 있어 비전이 없어 보이는 일자리를 강요할 수는 없다.

■ 논거 2: 첨단기술의 발달로 인해서 일자리 자체가 감소하는 상황이다.

· 첨단기술의 발전으로 절대적 일자리의 감소추세: 통계제시

·

·

</td></tr>
</table>

■ 논거 3: 세계화로 인한 기업들의 해외이전이 청년일자리를 감소시키고 있다.

·

·

·

■ 맺음말:

[부록]

토론문 작성의 예제

■ 예제 1: 토론문 초안 작성하기-①

<table>
<tr><th colspan="2">성폭행범의 신상, 온라인상에 공개해야 하는가?</th></tr>
<tr><th>찬성</th><th>반대</th></tr>
<tr><td colspan="2">■ 머리말
- 신상공개 문제의 발생배경
- 신상공개 문제의 사례 설명
- 논지 제시</td></tr>
<tr><td>■ 찬성 논거
1. 피해자 확산 방지
2. 사법적 정의관념 확립
3. 모방범죄 차단</td><td>■ 반대 논거
1. 개인의 인권보호
2. 사법의 원리인 범죄자의 재사회화의 차단
3. 사법적 정의와 사법적 보복(낙인찍기)과의 혼동</td></tr>
<tr><td colspan="2">■ 결론
1.
2.</td></tr>
</table>

■ 예제 1: 토론문 초안 작성하기-②

<table>
<tr><th colspan="2">사형제도, 폐지되어야 하는가?</th></tr>
<tr><th>찬성</th><th>반대</th></tr>
<tr><td colspan="2">· 현행 사형제도의 규정
· 사형제도를 바라보는 다양한 관점들 언급(철학적, 윤리적, 사법적 관점)
· 사형제도가 문제가 되는 배경
· 논지제시</td></tr>
<tr><td>■ 찬성 논거

1. 사형을 통한 강력범죄 차단효과

2. 응보론적 정의 관념의 확립

3. 피해자유족들에게 위로</td><td>■ 반대 논거

1. 인간의 존엄성 침해

2. 교화와 개선이라는 사법적 처벌의 목적상실

3. 재판의 오판가능성</td></tr>
<tr><td colspan="2">■ 결론
1.
2.
3.</td></tr>
</table>

■ 예제 2

논제: 기본소득, 빈부격차해소의 방안이 될 수 있는가?
■ 논지: ■ 머리말개요: ■ 논거 1:   ■ 논거 2:   ■ 논거 3:   ■ 맺음말:

[부분논술]

앞에 작성한 개요를 바탕으로 머리말을 구체화해보시오.

■ 머리말개요: ■ 머리말:

[부분논술]

앞에 작성한 개요 중에서 하나의 논거에 대해서 논술해 보시오.

■ 논거: ■ 논증 및 보강설명:

■ 예제 3

논제: 동물실험은 비도덕행위인가?
■ 논지: ■ 머리말개요: ■ 논거 1: ■ 논거 2: ■ 논거 3: ■ 맺음말:

[부분논술]

앞에 작성한 개요를 바탕으로 머리말을 구체화해보시오.

■ 머리말개요:

■ 머리말:

[부분논술]

앞에 작성한 개요 중에서 하나의 논거에 대해서 논술해 보시오.

■ 논거:

■ 논증 및 보강설명:

■ 예제 4

논제: 소년법, 폐지되어야 하는가?
■ 논지: ■ 머리말개요: ■ 논거 1: ■ 논거 2: ■ 논거 3: ■ 맺음말:

[부분논술]

앞에 작성한 개요를 바탕으로 머리말을 구체화해보시오.

■ 머리말개요: ■ 머리말:

[부분논술]

앞에 작성한 개요 중에서 하나의 논거에 대해서 논술해 보시오.

■ 논거: ■ 논증 및 보강설명:

부록

토론주제 모음

1
복지에 관하여

논제: 보편적 복지와 선별적 복지 중 어느 쪽을 지향해야 하는가?

1) 선정취지

복지문제는 저성장, 고령화, 양극화가 두드러지게 나타나고 있는 한국사회에서 중요하게 다뤄지고 있는 현안 중 하나이다. 이와 같은 상황에서 아직 한국에서는 복지를 확대해야 한다는 큰 틀에서는 이의가 없다고 생각된다. 경제개발협력기구(OECD)에 따르면 한국의 국내총생산(GDP)대비 사회복지지출 비율은 대략 10% 수준에서 머물고 있다. OECD평균은 대략 20% 초반 수준인 점을 감안하면 아직 사회복지지출을 더 확장해야 할 필요성이 있는 것이다. 하지만 어떤 방식의 복지정책을 추구할 것인가에 대해서는 여전히 사회적 합의가 도출되지 못하고 있는 실정이다.

지난 2010년 '무상급식' 논란, 그리고 2012년부터 시작된 누리과정을 둘러싼 논란은 한국사회에서 복지를 바라보는 근본적인 시각의 차이가 존재함을 단적으로 보여주는 예시라고 할 수 있다. 많은 사람들은 2010년 초 · 중등학교 무상급식을 둘러싼 논란에서 당시 무상급식을 저지하려 했던 오세훈 전 서울시장의 패배를 보편적 복지를 지향하는 사람들의 승리라고 생각하지만, 복지에 관한 논쟁은 이후에도 지속적으로 진행되고 있다. 즉, 빈곤층에게 집중적으로 복지정책을 제공하는 것과 사회구성원 대다수에게 복지정책을 제공하는 것 중 어떤 방향이 더 바람직한가에 대한 논의가 이뤄지고 있는 것이다.

이는 사회복지정책의 쟁점에서 바라보면 보편주의와 선별주의 사이의 논쟁이라고 할 수 있다. 여기서 중요한 것은 사회복지정책의 대상에 관련한 문제로 할당의 개념과 관련된다. 할당(allocation)이란 사회복지급여를 누구에게 제공할 것이냐에 연관된 질문으로서 자격요건(eligibility)을 어떻게 설정할 것이냐 하는 질문과 연관된다(현외성, p. 100). 이는 각 국가의 정책 목표나 필요성에 따라 달라질 수 있으며, 그에 따라 할당이 체계적으로 이루어진다고 볼 수 있다.

2) 개념과 배경지식

전통적 할당원칙 중 하나인 보편주의와 선별주의는 정부가 제공하는 서비스의 가치에 관한 철학과 누가 정부의 도움을 받을 만한 가치가 있는지에 관한 철학이 서로 다르다(노병일, p. 211). 보편주의에서는 사회복지 급여를 모든 사람이 받을 수 있는 기본권으로서 인식하며 사람들에게 동일한 급여를 제공하는 것을 목적으로 하고 있다. 따라서 보편주의에서는 개별적인 욕구나 소득에 관한 조사를 실시할 필요가 없게 된다.

보편주의의 특징은 다음과 같다. 첫째, 모든 국민을 대상으로 하며 누구나 인생주기 안에서 생활문제위기에 빠질 수 있다고 본다. 따라서 장애인, 빈민 등과 같은 특정 집단에 따라 차등을 두지 않고 사회적 욕구를 보편적으로 충족시킬 수 있는 사회적 프로그램을 조직한 것을 복지국가로 본다. 둘째, 모든 시민은 그들의 수입에 관계없이 권리로서 복지권을 보장받는다. 셋째, 사회적 프로그램은 기여자(givers)와 수혜자(receivers)로 구별되어서는 안 되며 그 구별이 사회통합과 인간의 존엄성 가치에 손상을 일으킨다고 보았다. 사회복지급여를 받는 수혜자가 자신의 권리로 급여를 받는다할지라도 자신의 인격이 손상되는 것을 느끼는 것을 피할 수 없다고 보았기 때문이다. 넷째, 보편주의자들은 포괄성(inclusiveness)의 원칙에 따른 복지 프로그램의 정치적 장점(political advantages)을 중요시한다. 이는 보편주의 정책이 비용이 많이 들지만 선별주의 정책에 비해 더 대중적이어서 정치적으로 장점을 지닌다고 본다.

보편주의의 장점으로는 전체 국민이 참여하므로 사회를 통합시키는 효과가 있으며, 수혜대상이 받는 낙인효과도 없다는 점을 들 수 있다. 반면 고소득자 또는 복지급여가 필요하지 않는 자에 대해서도 복지급여를 지속적으로 제공하기 때문에 국가재정이 악화될 수 있다는 단점이 있다. 하지만 장기적으로 보면 보편주의 프로그램이 비용을 절감하는 효과가 있다고 보는 입장도 있는데, 이 입장에서는 선별주의 프로그램 선택 시 필요한 지속적인 감시, 점검, 급여조정에 필요한 비용이 줄어든다고 본다(원석조, p. 55). 보편주의와 관련된 급여의 예로는 사회보험이 있으며, 구체적으로 국민연금 · 국민건강보험 · 산재보험 · 고용보험 · 무상보육 · 무상 급식 등이 있다. 이러한 급여의 재정은 소득에 따라붙는 세금으로 확보할 수 있다.

선별주의는 급여가 개인의 욕구(individual needs)에 근거하여 제공해야 한다는 원리로서 주로 자산조사(means test)를 개인의 욕구를 판별하는 도구로 이용한다. 선별주의를 적용한 대표적인 복지급여는 공공부조(국민기초생활보장제도)와 공공주택이다.

보편주의자들이 복지정책을 사회 전체에 대한 대응으로 인식하는 반면에 선별주의자들은 적절한 복지정책은 그 범위가 혜택을 받을 필요가 있다는 증명이 된 사람으로 제한되어야 하며, 스스로 욕구를 충족시킬 수 있는 사람은 복지급여에서 배제해야 한다고 주장한다. 즉, 선별주의는 자격요건을 갖출 사람에 한정하여 사회복지급여를 제공한다. 따라서 세금을 납부할 능력이 있는 사람들이 자활능력이 없는 소수의 사람들을 위한 세금을 납부해야 한다는 견해가 강하다. 이는 국가의 제한 된 복지예산으로 인하여 자활능력이 있는 사람까지 급여를 제공하는 것은 자원의 낭비이며, 가난한 사람에게 더 많은 급여를 줄 수 있는 기회를 막는 것이기 때문이다.

자활능력이 없는 사람에게 복지급여를 제공하기 위한 방법이 자산조사이다. 선별주의자들은 자산조사를 통해 수급자격을 제한하는 것이 국가의 복지지출을 감소시킬 수 있고, 가장 욕구가 많은 사람에게 자원을 집중시킬 수 있는 방법이라고 생각한다. 즉, 빈곤을 퇴치하기 위해서는 빈곤한 사람에게만 초점을 맞추면 된다는 것이다. 사회적인 평등을 이루기 위해서 모든 사람에게 수급자격을 부여하기 보다는 빈민에게 급여를 집중시키는 할당의 원리가 더 유용하다는 것이다.

이와 같은 선별주의는 효율성과 현실성에 기반을 하고 있다. 모든 사람들에게 복지혜택을 제공하는 것의 "지속가능성"에 대한 질문이 선별주의의 핵심이라고 할 수 있다. 다른 OECD 국가들에 비해 낮은 한국의 조세부담률을 감안하면 현재의 재정상황에 대해 고려해야 한다. 즉, 한정된 자원을 바탕으로 복지혜택이 필요한 분야와 사람에게 집중해 정책의 효율성을 높이는 것이다. 소득재분배 효과의 측면에서 볼 때도, 보편적 복지보다 선별적 복지가 오히려 소득재분배의 효과가 더 크다는 견해도 제기되고 있는 상황이다(조경엽 · 유진성, 2013). 또한 보편적 복지는 책임 의식과 독립심을 갉아먹고, 국가 지원에 의지해 살아가려는 복지 의존심을 강화한다는 지적은 보편적 복지를 공격하는 대표적인 논의 중 하나이다.

이러한 선별주의는 아래와 같은 몇 가지 이유로 공격을 받는다.

첫째, 수급자는 부끄러움과 스티그마(stigma, 낙인)를 느껴서 자존감과 존엄을 손상하는 경험을 하게 될 가능성이 커지게 된다. 선별주의적 배분원리는 국민 누구나 사회적 권리를 지닌다는 의식보다는 복지급여에 대한 자격이 있는 빈민에만 초점을 두기 때문에 세금을 내는 사람과 복지급여를 받는 사람을 구분하게 된다.

둘째, 보편주의적 할당원리에 비해서 행정비용이 더 많이 든다는 주장이 있다. 복지급여를 받을 수급자를 가려내기 위한 지속적인 자산조사 실시는 상당한 행정비용을 발생시킨다. 반면에 보편주의적 할당원리는 소득이나 자산이 아닌 국민의 실질적인 욕구(의료, 교육 등)와 급여를 연결시켜 모든 사람들이 복지급여의 혜택을 받도록 하는 대신 누진적인 조세를 통해 부유층이 더 많이 국가에 세금을 내도록 하여 행정비용이 상대적으로 덜 든다.

셋째, 불평등의 감소효과가 보편주의적 할당원리에 비해 낮다는 것이다. 선별주의자들은 자산조사를 통한 복지급여 배분이 불평등을 완화시키는데 더 효율적이라고 믿고 있다. 그러나 실제로 선별주의적인 원리를 지향하는 공공부조 지출 비중이 높은 국가일수록 소득불평등 수준이 더 높은 반면, 보편적인 사회보험과 사회서비스가 잘 갖춰져서 공공부조의 지출수준이 낮은 국가들이 소득불평등 수준이 낮은 재분배의 역설(paradox of redistribution)이 나타나는 것으로 알려져 있다. 이와 같은 역설이 나타나는 이유는 선별주의가 강할수록 특정계층에게 복지혜택이 집중되고, 혜택을 받지 못하는 일반 국민들은 복지 정책에 대한 정치적 지지를 철회하게 된다는 것이다. 간단히 말하면 선별적 복지는 중산층들로 하여금 '내가 낸 세금으로 가난한 사람들만 도와준다.'는 생각을 가지게 만든다는 것이며, 이에 따라서 중산층들의 경우 복지 전반에 대해서 부정적인 견해를 가지게 될 여지가 높아진다는 것이다.

이와 같이 보편주의와 선별주의는 각각의 장단점을 가지고 있는 관점이다. 아래의 표를 통해서 위에서 다룬 보편주의와 선별주의의 내용과 차이점을 확인해보도록 하자.

〈보편주의와 선별주의의 차이〉

구분	보편주의	선별주의
대상	국민 전체	빈곤선 이하의 취약계층
책임의 주체	사회책임	개인책임
장점	· 전체 국민 참여에 의한 사회통합 · 수혜 대상 낙인효과 없음	· 소득재분배에 의한 사회통합 · 주요 사회복지 욕구를 소외계층에게 효율적으로 지원하므로 공공지출 억제
단점	· 복지의존도 증가 · 고소득자에 대한 불필요한 복지급여 지속적으로 제공 · 국가재정 악화	· 수혜대상의 낙인효과 있음 · 자산조사 등의 행정 업무과중 · 자산조사로 근로의욕 저해

관련 정책	· 국민연금, 국민건강보험, 산재보험, 고용보험, 무상보육, 무상급식	· 국민기초생활보장제도 등 공공부조

출처: 고광신 외, 2017: 38

3) 더 생각해 볼 문제

① 보편적 복지를 주장하는 측과 선별적 복지를 주장하는 측의 가장 기본적인 철학적인 차이들로 어떤 것들이 있는지 다시 한 번 상기해보자.

② '재분배의 역설'을 통해서 우리가 확인할 수 있는 사실은 무엇인가? 특히 여론과 복지제도의 유형 사이의 관계를 확인해보자.

③ 위에서 언급한 것과 같이 두 가지 유형의 복지 중 소득재분배 효과가 더 좋은 것은 어느 것인지에 대해서는 상반된 견해가 존재한다. 소득재분배 측면의 효과에 대한 자료들을 더 수집해보자.

④ 복지확대를 둘러싼 가장 큰 문제는 재원마련에 대한 문제일 것이다. 현재 재원마련에 대해 어떤 논의들이 진행되고 있는지, 그리고 이에 대한 국민들의 반응은 어떠한지를 조사해보도록 하자(특히 증세를 둘러싼 논의에 대해서). 이를 통해 보편적 복지를 주장하는 쪽, 선택적 복지를 주장하는 쪽 모두 공격과 방어의 포인트를 찾을 수 있을 것이다.

2
게임중독

논제: 게임중독을 질병으로 규정해야 하는가?

1) 선정취지

세계보건기구 WHO는 2019년 5월에 열린 총회에서 게임중독을 질병으로 관리하기 위한 절차작업에 착수하였다. '6C51'이라는 코드가 부여된 '게임이용장애'(Gaming disorder)는 정신적, 행동적, 신경발달 장애 영역 하위 항목에 포함되었으며 2022년부터 WHO 권고사항을 바탕으로 새로운 질병코드 정책을 시행하게 된다. 즉, WHO는 게임 이용으로 건강상의 문제가 발생할 수 있다고 본 것이며, 이에 각국 보건당국은 질병관련 보건통계를 작성해서 발표하게 되며 질병 예방과 치료를 위한 예산을 배정할 수 있게 된다.

하지만 이와 같은 결정에 대해서는 많은 논란이 제기되고 있다. 2019년 문화관광부와 한국콘텐츠진흥원은 2019년 4월에 WHO에 게임이용장애 질병 코드화에 반대의견서를 제출하였다. 국내에서 실시한 여론 조사에 따르면 술이나 도박, 마약중독처럼 게임도 질병으로 분류하고 관리하는 데 찬성한다는 응답이 45.1%, 질병으로 분류하는 데 반대한다는 응답이 36.1%였다(2019년 5월 리얼미터 조사결과). 찬성한 이들 가운데는 여성과 50대 이상 장 · 노년층이 많았고 반대한다는 의견에는 남성과 20~30대가 다수를 차지하고 있다.

즉 게임중독을 질병으로 지정하는 것이 좋은지에 대해 여전히 많은 논란이 제기되고 있다. 사회적으로 큰 이슈가 되는 폭력사건이 일어날 때마다 그 원인으로 게임이 지목되곤 했다. 2014년 6월에 일어난 강원도 고성 총기난사사건이나 2007년 버지니아 공대에서 일어난 총기난사사건도 게임이 원인인 것처럼 이해되어 왔다. 아래에서 게임중독을 질병으로 생각하는 측의 논리와 반대하는 측이 어떤 논리를 펴고 있는지에 대한 자세한 내용을 살펴보기로 하자.

2) 개념과 배경지식

게임 장애의 시초는 90년대 인터넷 중독 문제로 거슬러 올라간다. 1996년 미국 피츠버그대학의 킴벌리 영 박사는 인터넷 채팅에 빠진 주부의 사례를 토대로 인터넷 중독 개념을 처음으로 체계화했다. 인터넷 중독개념을 확장하여 게임에 적용시킨 것이 현재의 게임 장애에 대한 논의의 시작이다. 과거에는 주로 오락실이나 pc방 등에서 게임을 해야 했기에 시간이나 장소의 제약을 많이 받았지만, 스마트폰과 인터넷의 보편화로 인해 게임에 몰입하기 더 쉬운 상황으로 변화했다는 점이 게임 중독에 대한 논의를 더욱 가속화시켰다.

WHO가 제시한 '게임중독'의 정의는 아래와 같다.

① 게임을 하고 싶은 욕구를 참지 못한다.

② 다른 관심사나 일상생활보다 게임하는 것을 우선시한다.

③ 이로 인해 삶에 문제가 생겨도 게임을 중단하지 못하는 증상이 12개월 이상 지속된다.

‘한국의 사회동향 2017’ 자료에 따르면 초등학생 고학년(4~6학년)의 91.1%, 중학생의 82.5%, 고등학생의 64.2%가 게임을 하고 전체의 2.5%가 게임중독 상태였다.

게임중독을 질병으로 생각하는 측의 가장 대표적인 주장 중 하나는 게임이 뇌에 미치는 영향이다. 즉 게임중독은 다른 물질중독과 마찬가지로 신경생리학적인 원인이 분명하다는 것이다. 게임에 몰입하게 되면 기분을 좋게 만들어주는 도파민이 지속적으로 뇌에서 분비된다. 도파민은 동기부여, 보상에 대해 주목하는 역할 및 우리가 내린 판단결정으로 유발된 긍정적 강화와 부정적 강화를 통해 학습에 있어 주요한 역할을 담당하는데, 어떤 행위가 반복되어 습관화가 되면 관련된 뇌의 영역에서 도파민 분비가 강화되고 이 상태가 지속되면 도파민 회로의 변형이 일어나게 된다. 즉 게임 → 도파민 분비 → 전두엽 기능 떨어짐의 과정이 일어나 최종적으로 일반적인 보상에 대해 흥미를 덜 느끼게 되고 결국 특정 행위에 대한 조절능력을 상실하게 된다는 것이다. 김상은 분당서울대병원 핵의학과 교수에 따르면 게임 중독자와 마약 중독자의 뇌는 전두엽 등 뇌의 같은 부위가 활성화된다고 한다. 즉, 게임 중독은 마약 중독과 유사한 형태의 중독현상이라는 주장이다. 이와 같은 의학계의 주장의 핵심은 “게임중독은 개인의 의지문제가 아니라 치료를 받아야 하는 뇌질환”인 것이다. 또한 많은 청소년과 아동이 게임에 과도하게 몰입하게 되면 여러 가지 부작용이 나타나게 된다. 충동, 우울, 고독, 불안 등이 그것이다(이대영 · 정의준, 2014).

따라서 게임중독이 질병으로 공인되면 이런 환자들을 표준화된 기준으로 진단해 보다 적극적으로 치료할 수 있을 것으로 보이며 게임중독 관련 연구와 치료방법 개발이 활성화될 것이라는 것이 의학계의 대체적인 입장이다. 예를 들어 한양대학교 노성원 교수의 경우 건전한 일반적 게임 이용자의 경우는 문제가 될 것이 없지만, 심각한 게임 중독자가 존재하는 것이 현실이고, 따라서 치료 시스템을 확립하기 위해 진단의 기준은 필요하다고 주장하고 있다.

이처럼 게임중독을 질병으로 바라보는 측의 입장은 크게 두 가지로 요약할 수 있다. 첫째, 생물학적 원인이나 사회문화적 원인을 떠나 결국 게임중독도 뇌기능의 변화가 일어난 상태이므로 의학적인 치료와 관리가 필요하다는 것이다. 둘째, 게임중독에 따른 다양한 부작용이 실제로 나타나고 있기 때문에 그 원인이 되는 게임에 대해 관리감독할 필요가 있다는 것이다.

게임중독을 질병으로 분류하는 것에 반대하는 측에서는 중독 기준의 모호함, 그리고 게임중독의 진짜 원인에 대한 문제를 지적하고 있다. 예를 들어 2014년 인터넷 중독실태 조사결과에 따르면 10대 청소년의 인터넷 중독위험군은 12.5%, 그리고 20대의 인터넷 중독위험군은 11.6%로 나타나고 있다. 이와 같은 인터넷 중독에 대한 논의가 게임에 적용되어 게임중독을 질병으로 보고자 하는 것의 강력한 근거로 사용되고 있다. 문제는 위 조사에 사용된 설문에서 인터넷 중독의 '커트라인'이 너무 낮게 설정되어 있다는 점이다. 심리적, 행동적 문제란 정도의 문제이기 때문에 '중독'의 기준도 딱 떨어질 수가 없다. 결과적으로 정신과 의사의 자의적 판단이 게임중독 여부를 판가름하게 될 것이다.

더 핵심적인 문제는 게임중독은 원인이 아니라 증상이라는 점이다. 게임을 과다하게 하게 되는 것에 대한 원인으로는 "고독감, 소외와 외로움, 높은 수준의 공격성과 낮은 수준의 자기 통제력"(장예빛, 2017) 등을 들 수 있다. 한국콘텐츠진흥원 게임이용자 패널연구 결과에 따르면, 게임 과몰입에 가장 큰 영향을 미치는 요인은 '자기통제'와 '높은 학업 스트레스'이다. 학업 스트레스는 자기통제 능력을 저하시키는 가장 큰 요인이고, 이에 영향을 주는 요인은 '부모의 과잉간섭/과잉기대/비일관성'으로 나타나고 있다(게임이용자 패널 4차년도 연구: 631). 즉, 외부요인 → 스트레스 증가와 자기통제 상실 → 게임에 몰입의 과정이 일어난다는 것이다. 나아가 2014년 인터넷 중독 실태조사결과에 따르면 가구소득이 200만원 이하인 저소득층에서 인터넷 중독위험군이 가장 높게 나타나고 있다. 이와 같은 내용을 종합해본다면 게임과몰입, 혹은 게임중독은 그 자체가 해결되어야 할 문제라기보다는 그 이면에 숨겨진 원인을 개선하는 것이 더 필요하다는 결론에 도달할 수 있다.

북미나 유럽과는 달리, 한국과 중국에서 유독 게임중독 문제가 심각한 사회문제로 대두되고 있고 WHO의 결정 역시도 위 두 국가에서 연구된 자료를 바탕으로 하고 있다는 지적 역시 제기되고 있다. 그렇다면 결국 게임 그 자체가 아니라 사람들, 특히 10대 청소년들이 게임에 몰두할 수 밖에 없는 사회환경을 고려해야 한다고 할 수 있다. 과도한 입시경쟁과 부모의 간섭, 그리고 이로 인한 스트레스 등이 결국 청소년들로 하여금 게임이라는 탈출구를 선택하게 만드는 것이다.

마찬가지로 게임이 폭력성을 유발한다는 지적에 대해서도 다양한 견해들이 충돌하고 있다. 앞에서 언급한 것처럼 어떤 폭력범죄가 일어났을 때 항상 게임이 그 원인 중 하나로 지목되어 왔다. 하지만 게임이 폭력범죄와 밀접한 관련이 있는지에 대해서는 대단히 불분명하다(탁현숙, 2017). 나아가 게임이 폭력성을 높이기보다는 오히려 공격성 해소에 도움을 준다는 의견도 제기되고 있는 상황이다.

이처럼 게임중독에 빠지는 원인, 그리고 게임이 가져올 수 있는 부작용에 대한 논의 이외에 경제적인 부분 역시도 고려의 대상이다. 2017년 국내 게임산업의 규모는 13조 1423억 원이며 수출액은 6조 6980억 원이다(2018 대한민국 게임백서). 세계 게임시장에서 한국의 점유율은 6.2%로 미국, 중국, 일본에 이어 4위를 차지하고 있다. 이와 같은 상황에서 게임중독이 질병으로 분류될 경우 국내 게임산업이 위축될 가능성이 농후하다. 게임중독 질병 코드화로 인해 2023년부터 2025년까지 발생할 것으로 예상되는 경제적 위축효과는 약 10조 원으로 추정된다(서울대학교 산학협력단, 2018). 반대로 질병인정을 주장하는 쪽에서는 게임이나 인터넷 중독으로 발생하는 사회적 비용이 2011년에 연간 5조 4000억 원에 이르는 것으로 추정하고 있는 상황이다.

3) 더 생각해 볼 문제

① 게임중독을 질병으로 지정하는 것에 대한 입장을 정해보고, 위에서 소개한 이유나 이에 대한 근거자료 이외에 다른 이유나 근거자료를 찾아보도록 하자.

② 게임중독에 대한 논의를 조사해보면 '쥐 공원(rat park)실험'이라는 용어, 그리고 '모럴 패닉(moral panic)'이라는 용어를 접하게 될 수 있다. 각각의 용어의 의미를 인터넷이나 기타 참고자료를 통해서 찾아보고, 이 용어들이 게임중독 논의와 어떤 식으로 연결될 수 있는지에 대해서 생각해보자.

참고문헌

주: 인용된 자료의 출처가 표나 제시문, 혹은 본문에 명확하게 제시된 경우는 참고문헌에 포함시키지 않음. 또한 재인용의 경우 원전은 따로 참고문헌에 제시하지 않음.

강남훈(2016). "기본소득, 인공지능 시대에 우리의 권리." 『가톨릭 평론』, 4, 44-54.

권오상(2017). "비판적 사고와 논증적 글쓰기." 『사고와 표현』, 10(3), 39-66.

김광수(2007). 『논리와 비판적 사고』. 철학과 현실사.

김영정(2002). "창의성과 비판적 사고." 『한국뇌과학연구원 심포지엄』, 18-32.

김영정, 정상준(2005). "비판적 사고의 9요소와 9기준." 『대한토목학회지』, 53(11), 217-225.

김우진 편저(2018). 『김우진 논리학』. 헤르메스.

김우진(2019). "대학 교양수업으로서 비판적 독서와 토론." 『동아인문학』, 47, 57-82.

김희정, 박은진(2009). 『비판적 사고를 위한 논리』, 아카넷, 2009.

류의근(2016). "비판적 사고 교육을 위한 수업 모형." 『철학논총』, 83(1), 111-137.

박만엽(2011). "비판적 사고와 논증 분석: '발표와 토론'을 중심으로." 『사고와 표현』, 4(1), 63-101.

박유정(2012). "비판적 사고의 개발에 대한 논의." 『교양교육연구』, 6(3), 405-427.

박재현(2011). "토론 대회와 토론 지도 ; 교육적 기능을 고려한 토론 유형 선택의 변수." 『화법연구』, 19, 47-79.

박현희(2018). "민주적 시민성 함양을 위한 토론대회 토론모형의 구성 방안 - 심의민주주의를 중심으로." 『사고와표현』, 11(2), 65-104.

브라운, M. 닐, 스튜어트 M. 킬리(2019[2014]). 『11가지 질문도구의 비판적 사고력 연습』. 이명순, 하자인 옮김. 돈키호테.

생각공장(2012). 『논리와 비판적 사고 2.0』. 글고운.

알렉 피셔(2018[2011]). 『피셔의 비판적 사고』. 최원배 옮김. 서광사.

양현모, 이종혁, 김동건, 김운계, 임정훈, 홍현정(2019). 『토론, 설득의 기술』. 리얼커뮤니케이션즈.

윤초희(2016). "국내외 비판적 사고교육 효과연구 고찰: 쟁점과 향후 연구과제." 『아시아교육연구』, 17(4), 1-35.

이승규, 정문숙(2019). 『2018학년도 교양교과 개발연구』. 한국기술교육대학교 교양교육센터.

임동균(2018). "동아시아의 새로운 민주주의: 숙의 민주주의의 현황과 미래." *Asian Regional Review*, 1(2), 1-9.

정상모 외(2011). 『비판 창의적 사고』. 신라대학교 출판부.

정상봉, 김성민, 김태희, 김은희, 김은하, 황혜진(2014). 『비판적 사고와 토론』. 쿠북.

조영웅(2014). "비판적 사고를 통한 창의성 교육." 『인문과학연구』, 40, 501-528.

황혜영(2012). "포퍼식 토론을 활용한 커뮤니케이션 강의 모델 구축." 『人文科學硏究』, 30, 413-441.

Facione, Peter, A.(1990). "Critical Thinking: A Statement of Expert Consensus for Purposes of Educational Assessment and Instruction." Executive Summary.

Paul, R.W. (1984). "Critical Thinking: Fundamental to Education for Free Society." *Educational Leadership*, Sep, 4-14.

_____. (1992). "Critical Thinking: What, Why, and How?" In C.A. Barnes(Ed.). Critical Thinking: Educational Imperative (pp. 3-24). San Francisco: Jossey-Bass.

ten, D. G. & Volman, M. (2004). "Critical Thinking as a Citizenship Competence: Teaching Strategies." *Learning and Instruction*, 14(4), 359-379.

Townsend, P. (1979). *Poverty in the United Kingdom*. Allen Lane and Penguin Books.

https://www.insightassessment.com/wp-content/uploads/ia/pdf/DEX-2014-reprinting.pdf

https://www.poverty.ac.uk/free-resources-books/poverty-united-kingdom

토론주제 관련 참고문헌

1) 복지에 관하여

고광신 · 박찬상 · 신영일 · 유숙자 · 유주희(2017). 『사회복지정책론』. 동문사.

노병일(2019). 『사회복지정책론』제2판. 공동체.

안병영 · 정무권 · 신동면 · 양재진(2018). 『복지국가와 사회복지정책』. 다산출판사.

원석조(2019). 『사회복지정책론』제8판. 공동체.

조경엽 · 유진성(2013). "무상복지의 소득재분재 효과." 『KERI 정책제언』, 12-09.

현외성(2019). 『핵심 사회복지정책론』. 양서원.

Neil Gilbert · Paul Terrell(2007). 『사회복지정책론-분석 틀과 선택의 차원』. 남찬섭, 유태균 역. 나눔의 집.

2) 게임중독

(1) 국내문헌

김양중. "질병으로 규정된 게임 중독." 『KISO 저널』, 36, 11-15.

서울대학교 산학협력단(2018). "게임과몰입 정책변화에 따른 게임산업의 경제적 효과 추정." 『KOCCA18-15 한국콘텐츠진흥원 보고서』.

이대영 · 정의준(2014). "대중매체로서의 게임과 정신건강 관계연구." *Korean Society For Computer Game*, 27(2), 69-75.

장예빛(2017). "청소년의 고독감, 공격성, 자기통제 및 도덕성과 게임 과몰입에 관한 연구." *Korean Society For Computer Game*, 30(3), 69-76.

정혜윤(2011). "5조 4천억이 인터넷 중독 사회적 비용이래요." 『대한민국 정책브리핑』.

탁현숙(2017). "우리나라 게임 산업의 정책방향에 대한 연구: 폭력성 게임의 영향에 대한 긍정적 논의를 중심으로."『한국중독범죄학회보』, 7(2), 81-98.

한국콘텐츠진흥원 게임이용자패널 · 자가진단. 한국콘텐츠진흥원(2020년 1월 접속), http://www.kocca.kr/gameguide/contents.do?menuNo=203708

(2) 해외문헌

Greitemeyer, Tobias(2014). "Intense Acts of Violence during Video Game Play Make Daily Life Aggression Appear Innocuous: A New Mechanism Why Violent Video Games Increase Aggression." *Journal of Experimental Social Psychology*, 50, 52-56.

Park, H., Kim, S., Bang, S., Yoon, E., Cho, S., & Kim, S. 2010. "Altered Regional Cerebral Glucose Metabolism in Internet Game Overusers: A 18F-fluorodeoxyglucose Positron Emission Tomography Study." *CNS Spectrums*, 15(3), 159-166.